大重构：全球产业链供应链变局
Great restructuring: unprecedented changes of global industrial chain and supply chain

霍建国　齐冠钧　著

中国出版集团
中译出版社

图书在版编目（CIP）数据

大重构：全球产业链供应链变局 / 霍建国，齐冠钧著. --北京：中译出版社，2022.7
ISBN 978-7-5001-7115-7

I.①大… II.①霍… ②齐… III.①产业链—供应链管理—研究—世界 IV.①F259.1

中国版本图书馆CIP数据核字（2022）第108710号

大重构：全球产业链供应链变局
DACHONGGOU：QUANQIU CHANYELIAN GONGYINGLIAN BIANJU

出版发行：	中译出版社
地　　址：	北京市西城区新街口外大街28号普天德胜大厦主楼4层
电　　话：	（010）68359827，68359303（发行部）；68359287（编辑部）
传　　真：	（010）68357870
邮　　编：	100044
电子邮箱：	book@ctph.com.cn
网　　址：	http://www.ctph.com.cn

责任编辑：李焕华
文字编辑：张　斐
装帧设计：王梦珂

排　　版：	北京中文天地文化艺术有限公司
印　　刷：	北京中科印刷有限公司
经　　销：	新华书店
规　　格：	710 mm×1000 mm　1/16
印　　张：	16.25
字　　数：	190千字
版　　次：	2022年7月第1版
印　　次：	2022年7月第1次

ISBN 978-7-5001-7115-7　　　　定价：68.00元

版权所有　侵权必究
中　译　出　版　社

# 序言

全球产业链供应链的调整与重构，其实质是产业结构的调整和商业模式的重构过程。从19世纪的产业垂直分工到20世纪的水平分工，从产业间贸易到产业内贸易的发展均代表了产业结构的调整和变化。在20世纪70年代全球化发展的高峰期，跨国公司在国际贸易中日益扮演着重要的角色，他们将越来越多的生产环节通过股权和非股权投资方式分包给分布于世界各地的相关企业，从而使生产分工深入到价值增值的每个连接点上。同时跨国公司推广的全球化采购战略进一步使得产品的生产和销售形成跨区域或跨国别的生产链条。这一变化的结果反映的就是产业链和供应链的基本结构。

在欧美产业结构的调整过程中，新兴工业化国家发挥了重要的载体作用，而中国的改革开放无疑又为这一调整和重构提供了一个互利共赢的发展机遇。中国的改革开放不仅促进了中国的繁荣和发展，而且使中国经济深度融入了世界经济体系，通过我们自身的努力，我国已发展成为全球最大的制造中心，2010年中国的制造业产值已占到全球的19.8%，首次超越美国成为全球第一制造大国，而现在美、日、德三国制造业之和也不及中国的总规模和总产值。

面对中国的发展变化，美国既不愿接受自己衰落的现实，又不

能容忍中国崛起的态势，所以把中国列为其主要的竞争对手，不仅在贸易投资方面不断采取封锁限制措施，而且公开宣布要同中国全面脱钩，推动产业链供应链的重构，其目的就是要把中国排除在全球产业链供应链体系之外，为中国的发展设置重重障碍。殊不知产业结构的调整和重构是社会生产力发展和产业结构升级进步的客观需要，是推动社会进步和经济繁荣发展的内在规律，任何国家想要改变或阻挡这一规律都将是徒劳的。当然，之所以这一话题能够成为当今世界关注的热点，除美国因素外还有受逆全球化和贸易保护主义思潮的影响，全球贸易和投资的壁垒和障碍正处于上升阶段，全球新冠疫情的大流行又严重冲击了正常的商品运输和物流。加之世界地缘政治矛盾和地区冲突不断，制裁和反制裁的频繁使用，导致全球产业链和供应链不可避免地受到不同程度的影响和破坏，从而加剧了这一调整和重构的进程。迫使我们不得不深入关注这一问题的发展变化，力争把握其规律和特点，维护我国的制造业和贸易竞争优势，这关乎我国外向型经济的发展空间，更关乎我国经济的国际竞争力以及未来中国在全球的影响力和竞争地位。

本书主要分为三大部分，第一部分为乱象与变局，主要分析探讨了当今世界面临的各种变化特点及挑战，试图从我们面临的百年未有之大变局中发现一些规律性的内容，以利于我们更好地把握世界变化的趋势，趋利避害，谋定而动，保持中国的特色，在危机中发现机遇。第二部分主要分析探讨了全球产业链和供应链的基本格局和变化趋势，为我们了解掌握产业链供应链调整和重构提供历史规律和有效经验。第三部分主要分析探讨了中国发展的成功经验，有利于我们坚定信心，努力适应国际环境变化，克服困难，坚持有效的发展经验，以高水平开放赢得国际竞争的主动。

本书的特点是理论研究和应用研究相结合,以可读性和实用性为主,力争为企业熟悉了解当前国际经贸形势和产业链供应链调整与重构问题提供一定的参考背景,希望能为企业参与国际竞争提供一些可能的参考和帮助。

由于本书写作期间恰逢新冠肺炎疫情冲击,社会实践和调研受到一定的限制,有些分析和判断仍需进一步验证完善,在文字方面难免存在一些疏漏和不当之处,敬请读者包容谅解。

目录

序言

第一部分　乱象与变局

　　第一章　百年未有之大变局 / 3

　　第二章　世纪疫情改变外贸格局 / 22

　　第三章　全球化大趋势 / 38

　　第四章　价值链发展规律 / 49

第二部分　重构与趋势

　　第五章　当前供应链对我国企业潜在的影响 / 66

　　第六章　全球供应链重构趋势 / 73

　　第七章　全球供应链重组情况 / 83

　　第八章　绿色供应链发展 / 133

　　第九章　逆向供应链建设 / 155

第三部分　转型与升级

第 十 章　我国全产业链竞争优势 / 166

第十一章　整体层面优化国内产业链有所作为 / 188

第十二章　传统产业数字化、绿色转型升级 / 199

第十三章　全方位对外开放新格局 / 218

参考文献 / 246

第一部分
乱象与变局

欧美经济自2008年全球金融危机以来，一直处于艰难的调整之中。为了挽救经济，美国实行了长达十年的财政货币双宽松政策，从实际经济表现看，长期的宽松政策不仅没能稳定经济增长，反而导致了债务的大幅上升和通货膨胀的高企，加之特朗普执政时期，极力推行美国优先的贸易保护主义政策，频繁对外开展贸易摩擦，致使大国竞争和地缘政治矛盾凸显。随着2020年新冠肺炎疫情的大暴发，全球经济再次面临大萧条的冲击。在百年变局加之世纪疫情的影响下，世界经济进入了变局与乱象丛生的发展阶段。逆全球化思潮上升，贸易保护主义盛行，全球产业链供应链紊乱，意识形态矛盾凸显，经济发展模式冲突，大国竞争激烈，地缘政治冲突频发，当今世界进入了新的历史发展动荡期。

第一章
百年未有之大变局

第一节　大变局的主要特征

当前国际形势出现了一些新的复杂变化，欧美经济由于受国内深层次矛盾的影响，经济发展面临新的矛盾和困难，以美国为首的国际贸易保护主义势力有所抬头，国际市场竞争日益激烈，全球经济治理面临着新的艰巨挑战。国际形势的复杂变化对我国改革开放提出了新的要求，党的十九大提出的构建全面开放新格局是在充分把握国际形势变化新特点的情况下提出的新的开放任务。在新的形势下，中国只有继续坚持扩大开放才能赢得国际竞争和国内经济发展的主动权，也只有加快高水平的开放才能够有力地促进我国经济的高质量增长，才能保证我国经济发展更有效率、更加公平、更可持续。当前国际形势新变化主要表现为以下几个特点。

一、全球经济发展矛盾持续发酵，大国博弈竞争日趋激烈

2019年全球经济增长仅维持在2.9%的水平，其中发达国家经济

基本维持在1.4%的增长水平,而新兴经济体经济仍保持了4.5%的增长水平。进入2020年,形势变得更为糟糕,新冠肺炎疫情在全球暴发,欧美国家经济普遍受到重创,国际主要经济机构对经济增长的预期一再下调,国际货币基金组织和世界银行统计数据显示2020年全球经济下降3%,且认为这种低速增长在2021年难以扭转。

由于欧美国家经济发展内在矛盾的持续积累,其经济复苏呈现不稳定和十分脆弱的表现,与此同时,发达国家为巩固在全球治理中的主导权和影响力,他们针对全球事务及全球治理的态度反而更趋强硬,同发展中国家的矛盾进一步上升,大国之间的矛盾和竞争也日益激烈。在这一过程中,中国作为世界上经济增长较快的国家日益受到各国的瞩目,中国的经济增长和竞争能力的全面提升也给欧美发达国家带来了更多的焦虑和不安。他们不断地寻找各种理由和借口批评或指责中国的发展环境不符合市场经济发展的基本要求,特别是美国前总统特朗普公开强调美国优先的贸易保护主义政策,不断采取单边主义的做法对主要贸易伙伴挑起贸易摩擦,采取随意加征关税的霸道行径,搅得全球市场不得安宁。所以从外部环境看,我们需要做好应对复杂的国际经济环境变化的思想准备。而打开国门搞建设,积极推进高水平开放无疑是我们最主动的应对举措。

二、贸易投资低速发展阶段,全球贸易保护主义呈上升趋势

全球贸易在贸易保护主义的影响下,长期处于萎靡增长状况,从而对全球的经济稳定和复苏带来巨大压力,与此同时,以美国为首的贸易保护主义仍处于上升阶段。美国特朗普政府强调的美国优先的单边主义政策不仅严重威胁着世界经济的复苏与增长,带来许多新的不

确定因素，同时也对全球多边贸易体制产生严重冲击和影响，美国单边主义的霸道做法正在受到越来越多国家的质疑和反对。

当前全球经济贸易发展必须解决好三大问题。一是如何妥善抑制并解决好主要贸易伙伴之间发生的相互贸易制裁升级的发展趋势，重新回到坚持贸易自由化和便利化的正确发展轨道上来，保持全球经济贸易的持续健康稳定发展。二是进一步加强世界主要国家在经济政策和全球经济治理方面的协调与配合，逐步减少并缓和全球经济发展存在的主要矛盾与冲突。三是正确对待世界贸易组织（WTO）的改革。

当前在针对世贸组织的改革问题方面，存在着三种态度：一是以美国为首的个别国家企图通过改革加强对中国及部分新兴经济体发展的制度约束；二是以欧盟为主的一些世贸组织的老成员寄希望于通过改革，进一步加强WTO的职责，通过完善加强多边贸易体制的法律法规，以期提高其执行力，使其发挥更大的作用；三是以中国为首的主要发展中大国则继续强调世贸组织原则的有效性，特别是有关发展中国家差别待遇政策的重要性。中国愿意参与有关领域规则条款的讨论和修改，但关键是无论大国还是小国均应严格遵守多边规则，否则任何条款的修改和完善都是毫无意义的。

此次改革可以说是在新形势下的一种博弈，也可以说是发达国家同发展中国家之间的一次利益大调整，结果无外乎有三种出路。一是未来的WTO将更加体现公平和对等开放原则，倾向于保护发达国家的利益；二是继续维护大多数发展中国家的利益，对主要贸易大国的单边主义形成一定的约束机制；三是修修补补的改革，难以产生明显效果，难以发挥更大作用。

三、新一轮科技革命正在加速，国际科技水平竞争异常激烈

全球新一轮科技革命正在蓬勃发展，技术进步层出不穷。各主要国家均将新能源、新材料、智能制造和机器人以及互联网技术的应用放在国际竞争的突出位置，虽然新一轮的产业革命仍有待突破，但以互联网为基础的技术应用和商业普及已掀起了新的高潮，大数据、云计算、智能制造等技术越来越多地被应用到现实的生产和商业竞争之中。中国作为后起的具有竞争潜力的大国不可避免地面临着国际科技革命的挑战和影响，中国要想实现弯道超车，就必须创造一个有利于创新发展的良好环境，调动广大企业创新发展的积极性，实现技术上的优先突破发展。总之，在科技革命的超越和发展方面，我们仍面临众多的挑战和压力，特别是我们还将面对来自美国的技术封锁和对我国主要科技企业的限制，所以我们必须以开放合作的理念，在不断融入全球市场竞争的过程中实现技术的突破和赶超。

四、国际市场频繁震荡，金融风险日益上升

2020年以来，在新冠肺炎疫情的影响下，美国采取了超宽松的货币政策并导致股市出现大幅震荡，一度出现10天三次熔断的现象。在石油输出国组织（OPEC）限产保价难以实现的情况下，全球石油价格长期维持在低位运行。由美联储缩表和加息政策预期引起的国际金融市场的动荡此起彼伏，加之地缘政治的冲突和矛盾，乌克兰战争的爆发，从而使国际大宗商品市场上的石油和黄金价格大幅反弹，这一切都需要我们认真把握，不断适应国际市场竞争的变化，不断提高防范市场风险的能力。而更残酷的现实是，美国华尔街一直是国际

金融市场和国际商品市场的主要操盘手并享有独特的控制权，而这一切多是因为美元的因素，以及美国操纵美元的能力和美国对国际金融市场强大的影响力。目前国际资本市场的频繁波动充分表明了市场的脆弱性和不稳定状况，企业的避险情绪处于明显的上升期。

五、中美贸易摩擦复杂多变，世界经济增长不确定因素增多

随着美国单边主义的上升，特别是针对中国采取301调查之后，中美贸易摩擦和冲突呈紧张态势，不仅对中美贸易投资的增长形成了巨大的影响和威胁，而且对全球经济增长及企业的预期心理产生了破坏性的影响。如果我们不能有效控制中美矛盾和冲突，妥善解决中美贸易的摩擦和冲突，这种影响有可能会波及世界上主要国家的贸易和投资，甚至会对全球贸易的价值链产生新的冲击和影响。中美贸易冲突和摩擦之所以日趋严重，固然有特朗普的个人因素，也有白宫团队高管对华的强硬态度以及美国经济增长困难等多方面原因。从发展趋势看，中美贸易摩擦呈现长期化、复杂化的基本特征，须引起我国高度重视，处理得不好，贸易冲突有进一步扩大和升级的可能。所以在坚持原则的前提下，充分利用中国的智慧和周旋能力，寻求对话谈判解决问题仍是我们政策定位的主要选择。

第二节　世界贸易组织改革之困

1995年成立的世界贸易组织（WTO）全面继承和捍卫了关税与贸易总协定（GATT）的基本原则和富有实效的各类条款。例如，WTO强调的公开透明、公平公正和非歧视的贸易待遇原则受到了各成员的积极响应和维护。对于WTO的三大职能，即关税减让谈判、争端解决机制和贸易制度审议，尽管在现实中存在不少抱怨和批评，但多数成员仍认为对WTO的现有职能应予以进一步加强，以使其发挥更大的作用，甚至有不少成员建议应进一步加强WTO理事会或秘书处的职能，使其发挥更大的作用。

一是要继续坚持WTO自由贸易的基本原则。GATT与WTO倡导的自由贸易原则受到广大成员的拥护，有着坚实的基础，当前WTO面临最迫切的挑战是如何使个别成员放弃单边主义，回到遵守WTO的基本规则上来，不能让单边主义、贸易保护主义大行其道，不能允许任何颠覆WTO基本规则的企图得逞，不能允许任何一个成员将其国内法规凌驾于多边国际规则之上。今后WTO对无视多边规则、单纯依靠国内法规对其他成员采取贸易保护主义措施的成员必须有严格的纪律约束。同时应制定更加严格的纪律防止滥用"国家安全"。那种把一般商品贸易与国家安全扯到一起，作为贸易保护主义的借口，已经遭到许多WTO成员的抵制。在这些重大原则问题上，WTO应当有所作为。

二是要努力恢复WTO的谈判功能。多哈回合谈判无果而终，现在一些成员旨在推动电子商务、投资便利化、中小企业等议题的讨论。相当一部分发展中国家并不十分积极，他们认为应当首先对多哈回合谈判剩余议题有一个了断，然后才能进入新议题的讨论与谈判。他们的立场有一定道理，因为多哈回合谈判是"发展回合"，谈判的宗旨是重点解决发展中国家的关注与诉求。现在这一个承诺还没有兑现，马上转入新议题的讨论与谈判显得有些生硬。如果能将二者有机地结合起来，可能对新议题讨论的推进会更顺利一些。

一些成员建议今后更多采取诸边谈判的模式，这种谈判模式效率会更高一些。例如信息技术协定（ITA）谈判、政府采购协议（GPA）谈判都是成功的案例。目前环境产品协定（EGA）谈判、服务贸易协定（TISA）谈判处于停滞状态，如果能早日恢复也许能成为一条重要途径。中国也积极参加了一些诸边谈判。今后不管这类谈判是否允许其他成员搭便车，最终都应该朝着多边化方向发展。

三是巩固加强WTO贸易争端解决机制，当务之急是打破大法官遴选程序的僵局。不能因为某一个成员的抵制导致上诉机构的瘫痪。对今后贸易争端解决机制的改革，多哈回合谈判中各个成员已经提出许多建议，例如要处理好争端解决机制，某些裁决超出了WTO现有的规则范围，陈述与裁决的篇幅过多，案件审理时间过长等问题。但总体上成员普遍认为WTO争端解决机制比起许多国际司法机构和一些国家的司法机构运行得到更多的好评。目前存在的一些缺陷完全可以通过成员进一步谈判加以改进。

四是加强WTO的决策机制。关于加强决策机制的改进过去已经有许多讨论，如何能争取在协商一致的原则下提高决策的效率？能不能更好地发挥秘书处的作用？如何让各个委员会发挥更大的作用？是否需要成立一个类似执行委员会的机构？这些都是下一步可以通过协商谈判，由全体成员讨论决定。

五是关于新规则的制定和原有规则的修改问题。当前各个成员对制定新的贸易规则都有自己的关注和诉求，WTO在引入新的谈判内容和机制方面应更加积极主动，有必要根据形势的变化及大多数成员的要求启动新的谈判内容。对原有协议的修改要常态化，而不应等问题积累太多后再被动修改，如对与贸易有关的知识产权（TRIPS）协议、补贴与反补贴协议应尽快做出一些改进与补充。如果说强迫企业转让技术是不可接受的，那么政府采取干预措施，禁止企业转让技术同样也是不可取的,这与 WTO 奉行的自由贸易原则显然是相违背的。应当鼓励企业之间转让技术,促进货物、服务、资本、技术跨境自由流动,以便造福人类。因此 WTO 对政府禁止企业之间技术转让应当有纪律约束。正如 TRIPS 与公共健康问题达成协议一样,要达到双方利益的平衡。

六是美国的单边主义政策对多边规则造成破坏性影响。美国长期以来奉行的单边主义政策对 WTO 的规则形成严重冲击和破坏,特别是前总统特朗普执政以来奉行的"美国优先"和"美国第一"的单边主义政策对国际多边贸易体制形成了新的冲击和挑战。例如美国随意引用 WTO 的保障措施条款和国家安全例外条款,以美国国内 1962 年贸易法和 1974 年贸易法为依据,强行对部分国家钢材和铝制品加征关税以及对中国开展 301 调查等行为,都是明显违背 WTO 多边贸易规则做法的,这种行为同 WTO 多边贸易规则及争端解决机制的要求是完全背离的。尽管国际社会和 WTO 对美国的单边主义不断地发出警告和指责,但长期以来美国习惯于国内法大于国际法的单边主义做法,美国的行为不仅是对多边贸易规则的践踏和挑衅,同时也遭到了 WTO 主要贸易伙伴的反对和抵制。截至 2019 年年底,上诉机构已实质性面临瘫痪,如不尽快加以弥补和完善,上诉机构将面临停摆的威胁,多边贸易规则的严肃性将遭到彻底破坏。

总之,WTO 改革是一个复杂的工程,需体现广大成员诉求和认同,现在一些成员如美国经常抱怨 WTO 对美国不公平,这是不符合客观事实的。如果说 WTO 存在不公平的话,首先是对发展中国家和成员不公平。现在的 WTO 基本规则,都是历史上在主要发达国家的主导下制定的,长期以来,发展中国家和成员不断在内部进行调整改革以适应 WTO 明确的各项规定。特别是乌拉圭回合增加了服务贸易内容，TRIPS和与贸易有关的投资措施（TRIMS）协议实施后，发展中国家和成员在WTO内享受的权利与承担的义务出现巨大反差。多哈回合谈判的初衷就是要重点解决发展中国家和成员关注的不公平问题。如何解决这个体制中存在的不公平、不平衡的问题是我们面临的一项重大挑战。所以，我们在讨论今后WTO改革的方向时，应当对发展中国家和成员的各项关注和诉求给予充分的考虑。

第三节　世界贸易组织改革的矛盾及主要成员的关注点

美国贸易谈判代表莱特希泽在出席第11次贸易部长会议期间公开提出了对WTO的改革建议，此后在WTO理事会期间又多次提出针对发展中国家享受差别优惠待遇的改革意见，关于美方提出的WTO改革意见，我们应认真研究对待，对其不合理的建议应予以主动批驳，并提出可行的改革建议。

一、WTO改革的重点和急需推动解决的问题

我们认为WTO改革不应采取颠覆性的改革方法，而应坚持其行之有效的基本的原则，如促进贸易和就业的发展目标，协商一致的有关原则，坚持公开、透明、公平公正的原则等。当前WTO的改革应以完善其机制为主，首先要解决的问题是如何加强WTO的工作机制及其权威性，如何尽快解决上诉机构工作机制瘫痪问题以及当前面临的国际经济贸易的新变化，对于原有的部分规则如何进行完善和修改，以及对于新形势下发生的一些新的贸易行为如何界定并明

确新的贸易规则和要求，以进一步促进全球贸易的发展及全球经济的繁荣。

二、发展中国家的差别优惠待遇问题

WTO 机制中关于发展中国家和成员的差别优惠待遇问题是一个重大的原则问题。自 WTO 成立以来，发展中国家和成员积极参与多边贸易体制，在目前 164 个成员中，85% 属于发展中国家和成员，其中部分发展中国家和成员的经济贸易发展确实发生了巨大的变化，这一变化是符合联合国确立的千年发展目标的，是一个积极的变化，对于发展中国家和成员取得的成绩应予以充分的肯定。而美国提出的新的标准初看上去似乎有一定的合理性，但实际上其动机和科学性是经不起推敲的，首先它同 WTO 明确的宗旨是相违背的。在《马拉喀什声明》中，明确指出 WTO 的宗旨是为了促进贸易与就业，实现经济繁荣。因此，如果过早的剥夺部分发展中国家和成员享受差别优惠待遇的权利，将会对这些国家和成员的发展带来新的矛盾和压力，不符合 WTO 的基本宗旨。其次，差别优惠待遇只是一个原则，并没有明确的标准，在实际执行中是通过谈判承诺来实现的，体现了共同而有区别的责任，这一原则的存在是 WTO 的一个创举和魅力所在，符合众多发展中国家的实际情况。在过去的发展中也证明了这一原则的存在是有利于激发更多的发展中国家和成员参与到多边贸易体制中来，共同推动全球贸易的发展，效果是应予以充分肯定的。第三，WTO 的原则是协商一致，个别国家和成员的标准不应成为强加在众多成员头上的一个新的标准。所以美国提出的标准应由广大的发展中国家和成员充分发表意见，并做出最后的选择。

在国际经济治理和多边贸易体制改革的问题上，坚持共同而有区别的责任是一个重要的原则,任何一个国际机构的存在如果只是为了维护少数国家的利益,而忽视了大多数成员的切身利益,这样的机构肯定难以发挥其作用和影响力。所以 WTO 的改革重点不应是针对发展中国家和成员的改革,而应将改革的重点定位到加强和巩固 WTO 的作用和影响力方面。

三、针对上诉机构的改革矛盾

关于针对上诉机构的改革将是此轮改革的重点之一,我们应认真对待争端解决机制改革问题。美国指责争端解决机制"越权"主要是因为上诉机构按 WTO 协定裁决妨碍美使用国内法应对所谓"非市场导向的政策和做法"。所以美国希望推翻现有的上诉机构的终裁程序,重新回到关贸总协定以专家组为主的争端解决机制。这是一种明显的倒退,相信主要成员均难以接受,我国在尽快恢复 WTO 争端解决机制的裁决功能方面与欧盟、日本的立场基本一致,改革的目的关键是要继续加强上诉机构的作用并发挥其权威性,避免由于美国的干扰而导致丧失上述机构的功能,只有坚持保留上述机构的职能才有可能约束美国的单边主义和美国长期以国内法为主的霸权主义做法,最终将美国关进制度的笼子里。关键是要先恢复上诉机构的法官遴选机制,当然为了改革的成功,也可考虑增加上诉机构成员数量,延长任期等一些合理化提议。

四、国企"竞争中性"政策和产业政策的约束问题

从目前全球自贸协定的发展趋势看,欧美国家在这一轮改革中都高度关注国企的"竞争中性"政策和过度的产业政策支持问题,在这一问题上我们肯定会面临来自欧美国家的限制和挑战,但应该

指出的是国企的存在是全世界各个国家普遍的现象,实行严格的界定标准和创建公平法制一视同仁的竞争标准是完全必要的,我国人大通过的新的外商投资法已为我国各类企业构建统一的竞争环境奠定了良好的基础,我们愿在推进市场化、法制化、国际化的营商环境方面做出持续的努力,但应注意在具体的规则和标准的确定过程中应平衡考虑发达国家和发展中国家的具体情况,标准不应是针对新兴经济体的,同样应对发达国家公开或隐形存在的产业政策和补贴予以严格的约束和限制,总之这将是一项技术性很强,十分复杂的谈判过程,需要根据我方利益,既要坚持原则又要保持一定的灵活性。

五、改革的矛盾及其复杂性

我们注意到针对WTO改革的热议主要来自发达国家经济体,特朗普政府上台后曾公开表明了对WTO的不满,质疑WTO上诉机构的有效性以及对美国存在的不公平裁决。尤其是美国对WTO上诉机构成员任命的抵制使得世贸组织争端解决机制面临停摆的危险。作为"皇冠上的明珠",争端解决机制如果全面瓦解,这对国际经济贸易治理和WTO的权威将会是一个巨大的影响和冲击。同时,美国还指责中国等新兴经济体利用WTO给予发展中成员的特殊和差别待遇获取不公平竞争优势,推动中国等成员尽快从发展中成员资格中"毕业"。美国所采取的一系列违背多边贸易规则的单边主义的做法和错误行为,进一步加剧了针对WTO改革的紧迫性。目前对于推进WTO改革已形成相当的共识,可以说已经是众望所归,势在必行。

然而,WTO成员在改革问题上既有共同利益诉求同时也存在着显著分歧,说明WTO改革注定是一个复杂的过程,谈判很难在短期内达成一致。改革过程有可能会形成 WTO 成员长期博弈的局面。以下几方面的动态变化须引起我们的高度关注。

一是目前有关 WTO 改革的方案大多是发达国家提出的，而印度、南非等重要的新兴经济体对 WTO 改革至今仍没有做出明确的表态。巴西已正式宣布放弃其在 WTO 的发展中国家地位，给下一步改革谈判增加了新的变数和难度。目前 WTO 共有 164 个成员，其中除经济合作与发展组织（OECD）成员外，85% 是发展中成员，我们坚信缺少发展中国家参与的 WTO 改革是不可能成功的。虽然当前有关 WTO 改革的讨论非常热烈，但还未进入正式的谈判阶段，依然处于沟通和试探阶段。

二是最迫切需要解决的是上诉机构大法官的遴选问题。虽然大多数 WTO 成员，无论是发达国家还是发展中国家，都希望保留这一有约束性的争端解决机制和上诉机构的职能，中国和欧盟已就这一问题提交了联合提案，但目前解决问题的方法和路径依然不够清晰，总之要想通过改革抑制美国单边主义的行为和做法绝非易事。WTO 成员可能要做好短期内没有上诉机构的思想准备。

三是在扩展和深化 WTO 规则改革方面，目前发达国家的诉求虽然立场较为接近，但涉及具体的领域，如数字贸易、电子商务、投资便利化等新议题，依然是有分歧的。我们认为 WTO 的改革应分为两个层面展开：第一个层面是关于 WTO 基本原则和职能的讨论，主要目的应是加强和完善其职能，使其发挥更大的作用；第二个层面是关于相关规则的讨论和完善，特别是如何针对当前贸易发展情况和新的贸易方式等制定一些新的规则，目前看来主要争论仍停留在第一阶段的有关问题方面。

四是美国已经就发展中国家的特殊和差别待遇问题发了一个文

件，提交了一个提案，为34个发展中成员的"毕业"设置了4条标准。我们认为多哈回合谈判的初衷是要重点解决发展中国家关注的有关发展问题，新一轮改革不仅不应该将重点定位在取消发展中国家的差别优惠待遇方面，而应该更加积极地考虑发展中国家的关注与诉求。显然美国的提案与WTO改革的大方向是相违背的，这将是WTO改革讨论中的一个热点和难点。

鉴于目前全球贸易保护主义正处于上升阶段，WTO改革又面临艰难的沟通和讨论，鉴于贸易规则的改革将涉及企业的切身利益，所以国内贸易企业应高度关注WTO的改革前景，熟悉和了解其改革的方向和可能的结果，积极适应国际贸易规则发展的新趋势，避免在贸易摩擦和争端中处于被动局面，同时企业有什么具体诉求应主动向商务部门反映，以便谈判部门在对外谈判中有针对性地做好磋商工作，以争取更好地维护企业的经济利益。

第四节　美墨加自贸协定的"毒丸条款"

美墨加自贸协定的前身是北美自由贸易协定（NAFTA），该协定于1992年8月由美国、墨西哥和加拿大三国签订，并在1994年初开始生效，特朗普上台后要求重启北美自贸协定谈判，因为特朗普认为，这个25年前商定的自贸协定中的许多条款已经过时，完全不能适应当前的经济贸易发展实际，并认为该协定对美国经济及工人是非常不利的，是灾难性的。所以坚持要推倒重来，经过数轮的谈判后，美国决定先与墨西哥进行双边谈判，之后再纳入加拿大，特朗普认为先与一方达成协议，然后再与另一方达成协议，会对美国更有利。

经过一年多的艰苦谈判，在三方都做出了妥协和灵活处理之后，终于在2019年达成了美墨加三国协定（即USMCA）。新协定基本保留了北美自贸协定的大部分内容，但是在各自关切的领域也做出了一些新的安排，尤其是在汽车和乳制品贸易方面作了较大的调整，新协定最大的突破是加入了一条"毒丸条款"，旨在限制和约束加拿大和墨西哥同其他贸易伙伴签订自贸协议的自由度。特朗普却认为这是美国迄今为止达成的最重要的贸易协议。

一、"毒丸条款"的主要内容

在美墨加三国签订的USMCA协定中，其中第32章第10.4条内容为"任何一方与非市场经济国签订自贸协定，另外两方可以自行选择在6个月后退出三方协定，并达成自己之间的双边贸易协定。"随后，美国商务部长罗斯接受采访时直言不讳地称"这是某种毒丸"，贸易协定中含有这种退出条款，若有哪个协定国与中国这样的"非市场经济国家"签署自贸协定，就将面临美国退出协定的风险。

USMCA协定32章第10.1条指出，本协定认为"非市场经济地位"国家是：（1）协定签署之日起，任何一方根据自身贸易救济法认定的"非市场经济地位"国家；（2）该国与其他任何国家都没有签订自由贸易协定。对想要与非市场经济国家达成贸易协定的缔约国而言，首先需要在开始谈判前3个月通知其他缔约国，其次应其他缔约国要求，需要提供谈判目的相关信息，再次应尽早不晚于签署前30天为其他缔约国提供审查自由贸易协定全文的机会，以评估对于USMCA协定的潜在影响，最后其他缔约国有权在6个月通知期限后终止USMCA并以新的双边协定代替，新的双边协定将包括除了缔约国认为不适用内容之外的 USMCA 所有条款,任何修订将在 6 个月通知期限内作出。美墨加三国至今仍未在多边贸易体制中承认中国市场经济地位,所以,可以根据该协定条款内容直接将中国认定为"非市场经济地位"国家,进而可以因其他缔约方与中国达成自贸协定而选择退出USMCA。

二、美抛出"毒丸条款"的阴险意图

2017 年特朗普政府上台以来,美已将我国视为"主要战略竞争对手",多次在国际场合指责我国"操纵贸易体制、大量实施补贴政策并窃取外国企业技术",并对我国发动"301 调查"加征关税并采取极限施压手段,限制中国发展。"毒丸条款"在之前自由贸易协定中并没有先例,是美国政府专门针对类似中国这样被认为是"非市场经济地位"国家出台的措施。

(一)迫使加拿大和墨西哥无法与中国达成自贸协定

总体来看,近年来美国政府对我打压限制力度不断增大,并通过贸易摩擦等手段,削弱我国在全球贸易和产业供应链的地位。从加拿大和墨西哥实际发展情况来看,两国第一大贸易伙伴均为美国。其中,2018 年加拿大对美国出口额达 3 046 亿加元,占其出口总额的 52.2%;墨西哥对美国出口额达 3 446 亿美元,占其出口总额的 76.5%。两国对美国市场依赖度较大,为使得其国内产品和服务进入美国市场,需要放弃与中国达成更为优惠的双边贸易协定的权利。从加拿大和墨西哥与我国经贸依赖程度来看,2018 年加拿大对我国出口额达 276 亿加元,占其出口总额的 4.7%;墨西哥对中国出口额仅为 71.9 亿美元,占其出口总额的 1.6%。我国是加拿大第二大出口国,是墨西哥第三大出口国。相比之下,加墨两国对美国市场依赖程度远高于对我国市场依赖度。尽管中加、中墨两国产业互补性强，但美国政府抛出的"毒丸条款"，杜绝了加拿大、墨西哥与我国签署优惠贸易协定的机会，试图逐步将我国产品排除在北美市场之外。

（二）"毒丸条款"为美国提供了限制其贸易伙伴的"一票否决权"

目前，美国对外签署的自贸协定中，仅有USMCA包含"毒丸条款"。但有消息指出，美国拟在与日本、欧盟等国家（地区）签署自贸协定中引入"毒丸条款"。路透社援引美商务部长罗斯的话称，"有了这一先例，在其他贸易协定中加入此条款将变得更加容易。人们会明白，这是达成协议的先决条件之一"。值得注意的是，日本、欧盟经济体量远胜于加、墨，与中国的贸易关系也极其密切，是否会如USMCA加入一样的条款还需观察。

三、我国的应对之策

当前美国政府不断在国际规则层面对我国进行限制打压，担心我国经济发展的加快、影响力的提升会对美国国际领导力和影响力形成重要挑战。对于美国政府而言，维护其霸权地位是维护其国家利益的重要方面。当前国际秩序结构赋予了美霸权的超额收益，使其能凭借霸主地位左右国际规则的制定，满足其利益需求。在当前及今后一段时期，美国政府在规则上对我国进行限制、在经贸层面进行限制打压的力度恐将进一步增大。"毒丸条款"只是规则打压的开始，而不是结束。对此，我们应采取有效措施对冲其负面影响。

（一）积极拓展外向型经济发展新空间

加快推动与日本、欧盟等主要贸易伙伴达成更加优惠的区域贸易协定。当前，美国政府正积极接触日本、欧盟，试图在我国之前达成引入"毒丸条款"的自由贸易协定。为避免遭遇制度性挤压，建议我国政府要加大力度，加快与日本、欧盟商签并完成自贸协定谈判。其中，考虑到日本已是区域全面经济伙伴关系协定（RCEP）成员，并对外释放出愿完成协定谈判的积极表态。我国宜加快进度推动完成 RCEP 谈判，尽早与日本达成双边自贸协定谈判，力争与欧盟尽快完成双边投资协定谈判，避免美国利用"毒丸条款"对我国进行围堵打压，造成我国在国际经贸谈判上的被动。

（二）积极参与多边层面的规则重构磋商

按照 WTO 的相关规定精神，在不明显损害第三方利益的情况下，各国具有达成更为优惠的区域贸易协定的权利，但并没有直接限制相关行为的条款。美国抛出"毒丸条款"，实质是利用多边经贸规则不完善之处，试图借助其优势地位，对我国进行打压排挤。从长远考虑，我国宜主张在多边体制内，尽快推动相关规则的谈判，引入"反毒丸条款"，从制度和规则上彻底打消美国借助规则限制我国发展的"小算盘"，为我国经贸发展营造有利的外部环境。

（三）加快构建我国开放型经济新体制

对于中国来说，最好的应对措施是保持国内经济的发展活力，不断提高中国企业国际化的竞争能力，特别是要全面落实党的十八届三中全会明确的全面深化改革开放的顶层设计，对内加快推进市场化改革，对外加快落实高水平开放的新举措，当前建立高标准的对外开放新体制已列入议事日程，所以说我们的方向是清楚的，任务是明确的。改革开放的突破口已选好，只要我们凝神聚力，保持政策定力，加快推进并完成各项改革开放任务，必将确立我国经济发展的主动权。

回首中国 2001 年加入 WTO 的历史背景，不少人认为中国是因为加入了 WTO 才获得了高速增长的可能，把入世看成是中国经济发展的主要推动力，其实深入总结分析，结论并非如此。我们发现入世后中国经济高速增长的真正驱动力，是因为我们在 20 世纪 90 年代推行了大量的市场化改革，包括扩大利用外资，放开搞活民营经济，深化国有企业改革以及持续推进公平的市场竞争环境等方面采取了多项改革措施。这些改革一方面为加入 WTO 创造了有利条件，另一方面也为后来的经济高速增长奠定了坚实基础。入世后我们看到的是国企、民营、外资三股势力活跃发展，齐头并进，各种经济成分都发挥了积极的作用，形成了中国强大的增长动能，全面推动中国经济进入了强势增长阶段。

目前中国经济矛盾的主要特征是经济发展与市场化改革高度融合，没有深层次的市场化改革，经济难以焕发出新的活力，而改革又存在利益集团的阻碍，可以说是处于深水区，当然改革之难更在于部分权力部门的发展理念不到位，在很多改革措施方面难以形成共识，所以导致改革的行动不少，但治标的多治本的少，未能从根本上解决阻碍中国经济发展活力的体制机制障碍，目前的重要问题是要转变观念，切实树立创新、协调、绿色、开放、共享的理念，大力推进高水平开放，进一步形成以开放倒逼改革的新局面，以改革开放的主动赢得国内经济发展的主动，赢得国际竞争的主动。

第二章
世纪疫情改变外贸格局

第一节 中国外贸一枝独秀

全球新冠肺炎疫情的大流行,正在对人类正常的生产和生活造成巨大的破坏性影响。在疫情面前,各国的反应和应对举措参差不齐,不仅暴露了各国应对公共卫生突发事件的反应能力和动员能力的差异,而且也反映了不同国家的自我认知理念和对疫情的认知水平。据报告显示,2021年美国新冠肺炎确诊病例和死亡病例远超疫情最严重的2020年,两项数据均居世界各国之首,致使美国的人均预期寿命减少。美国的灾难同其采取的放任策略是分不开的,从目前疫情的扩散和影响分析判断,此次疫情属于百年未遇之全球重大公共卫生突发事件,其影响不仅十分巨大而且会很深远,主要有以下几方面变化特点和发展趋势。

一是各主要国家普遍加强了政府政策的主导性,政府的职能和作用凸显,而部分国家采取弃疫情于不顾的策略,持续采取量化宽松的货币政策和积极的财政政策。在疫情的冲击下,西方主要国家普遍放弃了新自由主义理念,全面转向凯恩斯主义,为了稳定社会情绪,普遍以加大财政投入,维持民间消费并以量化宽松的货币政策支撑经济增长,从而导致国家债务和财政赤字的大幅上升,并留下了沉重的负担和隐患。特别是美国采取的超级量化宽松政策必将引发全球大宗商品价格的上涨,并导致以原料进口为主的出口国家面临成本上升的压力。

二是投资贸易的政治化倾向日益严重,全球价值链面临调整的压力。在疫情和贸易保护主义的双重影响下,大国之间的矛盾和博弈持续上升,中美之间已形成竞争和对抗的基本格局,美国倡导的脱钩政策以及对我国高科技贸易采取的严格限制措施,短期内难以恢复常态,对我国高科技产品贸易将产生不利的影响。相比较之下,传统的劳动密集型产品的影响则相对较小,我国轻工和纺织品出口仍有一定的机会。此外全球价值链已呈现出调整迹象,表现一是跨国公司正在收缩其产业链,表现二是产业链调整有进一步向区域化聚集的发展趋势。

三是全球经济复苏仍存在众多不确定因素。尽管国际货币基金组织在2021年初对全球经济复苏做出乐观预测,但实际经济表现不及预期,各国经济复苏态势仍十分艰难,加之疫情变异产生的冲击和破坏仍难以作出科学研判,所以从实际情况分析,除个别疫情控制较好的国家外,更多的国家将难以实现经济的大幅回升。在疫情持续的情况下,我国出口订单和市场需求保持增长态势,因为海外主要国家的生产和贸易处于困难阶段,对进口的依赖进一步上升。

四是疫苗的普及和应用充满了矛盾和博弈,全球合作抗疫的形势并不乐观。目前主要国家的疫苗生产和应用已取得较大的成效,但在疫苗分配上的矛盾仍十分突出,世卫组织在协调疫苗的分配和应用方面存在众多困难和挑战，如主要国家不能尽快加强在全球抗疫方面的合作，特别是对部分重灾区的援助和支持，全球疫情的好转仍存在较大的变数，因为疫情是传染性的，各国很难独善其身。

五是美国的拜登政府出于冷战思维，正在寻求建立针对中国的所谓西方民主联盟，此举也为全球经济贸易复苏增添了新的变数。在七国集团外长会的联合声明中，已显现了联合针对中国的指责。在WTO改革问题上欧美国家也正在积极协调立场，并企图把改革的矛头引向针对中国的约束，这些行为都将导致国际政治经济格局矛盾进一步复杂化，不利于全球经济的繁荣和复苏。更难以开创一个互利共赢合作的新局面。所以说全球经济的前景不容乐观。

疫情的暴发与发展基本将分为三个阶段。第一阶段的特征是以挽救人类生命和健康为主的一场阻击战，评判的标准是确诊率和死亡率，比拼的是各国医疗设施资源的能力和医护人员的水平。第二阶段是疫情得到控制后各国恢复正常的生产和生活的能力，比拼的是宏观政策调控能力和经济修复能力，核心是看谁可以尽快恢复正常的社会运转机制并重新焕发出新的发展活力。第三阶段是疫情后各国在国际经济新格局中的竞争地位和影响力的变化，只有那些成功应对疫情并在短时间内使经济恢复到正常水平的国家和地区才更具有新的竞争力和影响力。而更复杂的问题是第二阶段和第三个阶段的发展变化和拐点是相互交织的，表现为相互影响和存在着内在的传导机制。面对疫情的冲击和国际社会矛盾的复杂变化，需要我们审时度势，及时作出果断的判断和部署。从某种意义上讲，疫情是一次严重的危机挑战，同时也是一次赢得发展机遇、重新布局并获取主动权的重大机遇。

中国在应对这次突发的公共卫生事件冲击的过程中，充分体现了党中央、国务院的坚强领导，展现了中国特色社会主义制度的优越性，已经取得了第一阶段抗击疫情的初步胜利。与此同时，中央不失时机地做出统筹做好疫情防控和经济社会发展的重大部署，中国经济除个别领域外大部分已基本上恢复到疫情前的水平，我们已经进入了新的发展阶段。"十四五"成功开局起步，在新的发展理念的引导下，我们正在全力构建新的发展格局。所以我们在时间上已经赢得了主动，当务之急我们应积极按照党中央的部署和发展要求，扎实办好自己的事，因为中国的繁荣发展涉及中国如何积极参与全球的抗疫斗争并贡献中国的智慧和经验，如何适应国际关系的微妙变化和调整，如何维护中国制造的竞争力和中国在全球价值链调整中的地位和影响力，当然也涉及我国在国际事务中的作用及形象，更会涉及人类命运共同体的理念和实践，甚至可以说此次疫情的应对对中国经济的全面崛起都具有直接的影响。

疫情的发生肯定对我国进出口贸易会产生负面影响，但挑战和机遇从来都是并存的，而且是相互转化的，对于那些有准备的企业来说将更为有利。面对当前疫情带来的冲击和影响，企业通过加强以下几方面工作，不仅克服了疫情的影响，而且取得了新的发展成就。

一是准确把握各国疫情的发展变化，科学判断市场供求的矛盾转化。受疫情影响，主要国家的经济已受到重创，正处于恢复和调整阶段，企业要注意不同国家经济的受损情况。因为经济的下滑，失业率的上升将导致市场需求的下降，国际市场供应链体系与竞争格局势必发生新的变化，我国出口企业要根据不同市场需求的变化及时调整出口目标市场。由于各国疫情的转折点是不一致的，如果能及时把握一些率先恢复的国别市场，企业可以抓住先机，迅速组织扩大出口。与此同时，我国企业要看到国际上贸易保护主义仍处于上升阶段，要谨慎对待可能产生的非关税壁垒的有关措施，主动熟悉出口目的国的法律法规和不同领域及不同产品的检测标准和规定，做到保质保量，避免发生不必要的贸易纠纷。

二是企业采取多种措施、开发多种渠道力争渡过难关。疫情带来的困难是暂时的，只要我们扛过最困难的时期，国际市场的需求总是要恢复的。有条件的企业要积极参与疫情短缺产品的贸易，提供中间产品的企业要同相关企业保持密切联系，及时保证供应链的稳定供货。有些出口困难企业如果有条件参与国内市场供货也不失为渡过难关的一种选择，当然有些中小企业还是要积极寻求地方政府和有关商务主管部门的支持，争取渡过难关。

三是在巩固传统市场的同时积极拓展新兴市场，加快实施市场多元化战略。在疫情期间，要保持同原有客户的密切沟通，立足于疫情后的需求订单，同时要积极探讨出口新兴市场的可能，特别是针对疫情不严重的地区和国家，如针对"一带一路"市场和东南亚市场，更要加大市场开拓的力度，力争发现新的商机，维持企业生产的正常开工。同时要注意面对疫情，企业更要高度重视产品质量的检验检测控制工作，因为在疫情期间，海外的进口商也会遇到各种困难，应避免海外进口商以质量为借口拒不执行合同等问题的发生。从某种意义上讲，在市场困难时期保持高标准的出口产品质量恰恰是提高企业信誉度和产品美誉度的最佳时期。总之，企业要不断提高产品的质量和水平，追逐更好的经济效益。相信中国外贸企业一定能够抓住当前新的发展机遇，在竞争调整中不断践行提质增效的目标。

四是企业高度重视风险防范并提高防范风险的能力。首先，要做好应对贸易摩擦的思想准备。随着全球竞争的政治化演变，经贸领域的矛盾将更加突出，需要企业更加关注国别关系的变化，依靠海外客户的关系，善于发现新的动向和可能产生的贸易风险，并做好防范工作。其次，要加强对汇率风险的防范。随着美国量化宽松政策的影响，从中长期看，美元必将进入弱势表现阶段，其波动将更加剧烈，其影响也是多方面的，企业要密切关注汇率的波动与走向，做好对冲和保险工作，避免造成经济损失。再次，要做好企业内部的风险防范工作，不断提高业务员的风险防范意识，通过加强培训提高业务员的能力和水平，确保企业运营的稳定与发展。企业要学会对重大风险的应对。相信凭借中国企业的智慧，我们一定可以克服重重困难，通过稳步提升自身的竞争力，不断实现做强做大的目标。

第二节　疫情下欧美供应链乱象丛生

全球疫情目前总体上处于收敛之中，但部分国家和地区由于防疫措施偏差，仍继续面临着尖锐的矛盾，由于美国过度注重经济增长，而放任疫情蔓延，导致经济复苏和疫情双损失，最近美国社会暴露的供应链危机已产生严重后果。据欧美媒体报道，近期全球供应链紊乱问题愈演愈烈，美国出现了肯德基缺鸡，英国超市缺少卫生纸的现象。圣诞节所需的大量货物仍积压在码头，估计在节前难以摆上货架，更严重的是，在商品短缺的同时，物价却处于持续上升的阶段，美国的通货膨胀已连续 5 个月维持在 5% 左右，以致美联储不得不放弃 2% 的通胀调控目标，被迫考虑加息和提前缩表。

为什么这次全球供应链危机，美国受到的冲击最为严重？

客观地讲当前供应链的危机主要是由于新冠肺炎疫情肆虐造成的冲击和破坏。我们注意到，由于受疫情的影响，原材料的生产和供应首先出现了不稳定的状况，全球大宗商品价格自去年下半年以来一直处于高位，包括石油、天然气、钢铁、煤炭、铜、铝等商品价格长期居高不下，这给下游的生产带来了极大的困难。由于疫情导致部分行业的需求受到压抑，所以在疫情严重时供需矛盾并没有充分暴露，随着疫情的收敛，生产的逐步恢复，加之经济复苏带来的需求上升，物价上涨则成为企业对冲成本压力的唯一出路。

应当指出的是此次供应链矛盾的产生并不完全是疫情的直接影响，因为种种迹象表明，从欧美限制高科技产业投资合作到全球"缺芯"，从美国随意加征关税到通货膨胀高企，从原材料价格上涨到海运价格的失控，这些经济现象的变化似乎并非市场作用的直接结果，仍然可以追究到某些国家政策诱导的原因。特别是美国近年来坚持的制造业回归、贸易保护主义和单边主义为此次供应链矛盾埋下了深深的祸根。

首先是美国为了限制中国高科技产业的发展和进步，不断地将中国的高科技企业纳入限制清单，以国防安全为由，严禁美国的芯片等高科技生产企业同中国企业的贸易往来，并以美国善用的长臂管辖的手段，对美国以外的相关企业实行监督约束，致使部分高科技厂商的生产和销售不畅，产业链供应链遇到一系列矛盾，影响了众多相关下游产业的发展，可以说全球"缺芯"同美国的贸易保护主义和单边主义不无关系。

其次是特朗普时期随意加征的关税，是造成这次供应链紊乱的人为原因。拜登政府上台后，虽采取了一些弥补的措施，取消了对欧盟钢铁的惩罚性关税,但对中国随意加征的涉及 3 000 亿美元出口商品的高额 301 关税却迟迟不愿宣布取消,其中的原因我想在此不做分析读者也能明白,其结果是不仅增加了美国通胀的压力,而且极大地损害了美国广大消费者的利益,并且导致了供应链的扭曲。

再次由于美国的疫情长时期没有得到较好控制,致使美国的港口和物流受到巨大影响,码头难以正常作业,大量船只压港也造成了商品供应的紧张。据世界银行和英国咨询公司 HIS Markis 最近公布的"全球货运港口绩效指数"报告显示,最新评出的全球效率最高的十大港口,其中有九个位于亚洲。值得注意的是,一些著名的美国港口均名落孙山,如洛杉矶港排名为 328 名,竟排在了坦桑尼亚的达累斯萨拉姆港之后,美国加州的长滩港排名为 333 名,落后于肯尼亚的蒙巴萨港。据报道,目前在洛杉矶港和长滩港等待卸货的船只仍达上百艘,这些因素的存在大大干扰了供应链的正常运转。

最后需要强调的是,经济的全球化不仅是生产、贸易、投资的跨国流动问题,我们必须承认全球化已经渗透到生产、流通和消费的各个领域,任何脱钩的想法,另起炉灶的念头,都是不切实际的,都会受到历史发展规律的惩罚,最终受损的必将是逆潮流而动者。所以我们必须选择顺应历史的潮流,承认经济全球化的大趋势,我们的责任在于要进一步规范全球化的发展,使更多的国家可以享受到全球化发展带来的利益。面对全球供应链的不正常和紊乱现象,必须引起各国的高度关注,特别是主要贸易国家更要采取负责任的态度,相互配合,共同治理,只有尽快恢复全球产业链、供应链的稳定运转,才能保证世界经济的稳步复苏。在供应链的治理过程中,一定要排除贸易保护主义和单边主义的思维,迅速纠正人为的不利于供应链正常运转的政策和措施,要充分认识到我们都在同一条船上，为了战胜疫情，为了世界经济的繁荣发展，世界各国必须彼此合作，即使不愿合作，也不应加以破坏。所以我们既要防天灾，也要避免人祸。

第三节　我国外贸发展的优势及面临的困难

一、外贸发展的有利条件

（一）我国贸易规模已具备坚实的基础

世界贸易强国都是从贸易大国的基础上建立起来的，贸易强国普遍具有进出口总量高、总额大，占世界贸易比重高的特点。从货物贸易占国际市场份额来看，英国的最高点在1870年，份额为26.7%；美国的最高点在20世纪50年代，份额为38%；德国的最高点在20世纪70年代，份额为11.1%；日本的最高点在20世纪80年代，份额为7.2%。这些公认的贸易强国无一不是从贸易大国的基础上建立起来的，时至2018年，美、德、日、英货物贸易占世界贸易比重依然分别高达12%、8%、4%和3.4%。我国进出口贸易2018年已占世界贸易比重达14%，初步具备了相当的贸易规模，堪称典型的贸易大国，在此基础上只要我们加快贸易结构的调整，努力实现贸易效益和质量的提高，解决好贸易与投资的融合发展问题，努力开创良好的国际贸易环境，相信我国已经完全具备了走向贸易强国的基本条件。

（二）制造业振兴是提高贸易竞争力的有效途径

党的十九大报告指出，要建设制造强国、质量强国和创新型国家，制造业是国民经济的主体，是立国之本、兴国之器、强国之基，强大的制造业是贸易强国的基础和条件。当前我国制造业规模已跃居世界第一，制造体系门类齐全，但与先进国家相比仍有明显差距。制造业大而不强的特征十分明显，自主创新能力不足仍是困扰我国发展的核心问题，关键核心技术与高端装备对外依存度高，产品档次不高，资源能源利用率低，产业结构不合理，国际化程度不高，企业国际化经营能力不强仍是影响我国国际贸易竞争力的主要问题。此外，创新能力不足也是困扰竞争力的主要矛盾，经过多年努力，我国科技发展正在进入由量的增长到质的提升的跨越期，科研体系日益完备，人才队伍不断壮大，自主创新能力快速提升。但总体而言，发达国家在科学前沿和高新技术领域仍然占据着明显的优势，我国许多产业仍处于全球价值链的中低端，一些关键技术仍受制于人。我国支撑产业升级，引领未来产业发展的技术储备亟待加强，经济发展和贸易强国建设尚未真正转到依靠创新的轨道。在建设贸易强国的过程中，如何发挥好创新的引领作用仍是重中之重。

（三）全面开放新格局将为外贸拓展新的发展空间

党的十八大以来，我国积极拓展"一带一路"倡议，已经形成了广泛的国际共识并取得了明显的效果，中国同"一带一路"沿线国家和地区的基础设施建设和贸易投资迅速发展，为我国对外贸易发展提供了新的市场空间。目前我国已同14个国家和地区签署了自由贸易协定，为拓展双边贸易投资提供了极大的便利，形成了新的发展空间。党的十九大之后，我国初步形成的区域协调发展战略正在以其新的发展优势，为中国外向型经济的发展提供新的动力源泉。粤港澳大湾区建设和长江中下游一体化战略充分体现了高水平外向型经济发展的新优势，京津冀协同发展战略已形成了新的增长带动态势。这三大区域发展战略的核心都是以高水平开放引领中国经济的高质量发展,其带动作用不仅体现在国内经济的发展后劲上,同时也将为建设贸易强国奠定相应的基础。

(四)市场竞争环境的改善有利于推动贸易强国建设

党的十九大之后,我国高度重视构建全面开放的新格局,努力探索高水平开放的新举措,特别是在市场准入和负面清单的管理模式方面已经迈出了一大步,为构建开放型的中国经济奠定了一个坚实的基础。外商投资法的颁布和实施将进一步开创一个公平、法制化、国际化的营商环境,这些市场竞争环境的改变有利于进一步扩大利用外资,在国内进一步形成国企、民营和外资公平竞争的市场环境,市场环境的改善将大大促进企业竞争效益的提升,有利于推动外向型经济加快走向高质量发展,将进一步形成贸易强国建设的新的动力。

(五)外向型经济发展业态不断创新

我国外向型经济的发展业态不断创新,主要体现在以下几方面。一是新的外贸平台不断涌现,跨境电商、市场采购贸易规模、外贸综合服务企业不断实现创新发展。2017年跨境电商零售进出口额增长36.7%,市场采购贸易出口增长27.8%。二是利用外资方式不断创新。以直接投资为主,多种形式利用外资的方式逐渐形成,绿地投资、并购投资、境外融资、风险投资、证券投资等外资比重不断上升,对外开放的领域和范围不断扩大,高端服务领域已经形成了新的开放格局。三是对外投资方式持续创新,对外投资形式日益丰富。绿地投资、并购投资、联合投资等方式发展迅速,境外营销网络建设、技术品牌培育、生产基地和能源资源开发基地日益拓展。四是国际经济合作方式不断创新。国际港口及交通体系的设计与建设能力、支付宝、微信支付及共享单车企业的走出去,说明中国经济正在不断由中国制造转向中国创造,越来越多地成为全球开放新业态的创造者和引领者。五是参与国际新秩序建设的模式不断创新。"一带一路"国际合作倡议的提出,亚投行的建立,金砖国家银行及丝路基金等国际机构的建立,表明中国有能力更多地参与到国际秩序的设计与建立之中,深刻地提升了国际合作的效率,中国的外向型经济发展已不再是简单的追随者,已经初步成为促进并深化国际经贸合作发展的推动者和贡献者。六是引领国际开放的观念不断创新。在美国特朗普政府全面推行单边主义,全球化逆转的不利条件下,中国勇挑重担,坚决捍卫国际多边贸易体制,积极探索全球化发展和国际经济合作的新模式和新路径,中国正在引领全球开放迈向新的高度。

(六)开放型经济的发展优势更加明显

我国开放型经济的发展优势主要体现在以下几方面。一是市场配置资源的体制机制基本形成,公平、公正、竞争有序的现代化市场体系基本确立,市场结构更加多元,经营主体活力不断增强,贸易方式进一步优化。二是对外贸易结构进一步得以巩固,外贸竞争新优势正处于提升阶段,商品结构正在向价值链高端逐步延伸,贸易便利化水平大幅提升。在全球贸易持续低迷的情况下,中国的进出口贸易表现优于其他主要经济体,中国对外货物贸易总额2021年已达6万亿美元,出口占国际市场份额从2011年的10.4%上升到2021年的14.8%。三是外贸发展动能转换加快,民营企业出口贡献比例持续提升,外贸经营主体持续从供给侧发力,加快转型升级步伐,努力培育竞争新优势,企业创新能力、品牌建设、营销能力不断增强。自主营销渠道以及高技术、高附加值、高效益的产品出口增速高于传统出口商品。

二、不利条件及困难

(一)外部环境变化增添了贸易强国建设的难度

随着中国对外贸易的迅速发展以及国际竞争力的提升,中国同主要贸易伙伴的摩擦和矛盾不断显现。2018 年以来,美国对我国采取了 301 调查及加征惩罚性关税的举措,使得中美贸易进入了摩擦升级的复杂发展阶段,严重地影响了中美双边贸易的发展。中美经贸关系未来的走向如何将严重影响中国对外贸易的发展,随着技术竞争的加剧,我国的产业结构升级与技术进步也将接受越来越多的外部挑战。与此同时,国际多边贸易体制正在不断地被削弱,并面临着进一步改革的迫切需要。新的多边贸易体制的改革充满了矛盾,各主要贸易伙伴持有不同的理念和诉求,对于有些诉求欧美国家将改革的矛头指向中国,例如在国企"竞争中性"问题上即产业政策和补贴规则方面,所以中国未来在外向型经济发展方面正面临着双重压力。一是如何适应国际市场竞争的新格局,进一步降低关税扩大市场准入;二是如何在国际多边体制改革及正在讨论的新的高标准规则的制定方面有效地维护我国的正当权益;三是如何处理好同众多发展中大国的贸易摩擦和发展矛盾。我们必须考虑如何积极扩大进口,平衡同主要贸易伙伴的利益关系,确保中国进出口贸易的平衡发展等已成为当前我们面临的迫切需要解决的问题,上述环境的改变为我国推进贸易强国增添了新的困难和挑战。

(二)货物贸易同投资模式的融合发展仍需较长的过渡时间

长期以来,我国贸易的发展主要依赖于货物贸易的大规模出口,在投资和经济合作方面对出口的带动作用难以体现。从国际贸易的发展规律看,贸易强国离不开投资的驱动,应该逐步避免单纯扩大货物出口的发展路径，逐步形成以投资带动出口的发展模式，或者是进一步拓展对外援助和国际经济技术合作以及国际工程项目带动出口的作用，形成贸易投资、工程、服务相互融合发展，体现中国对外贸易发展的综合收益水平。

（三）贸易结构升级与产业链提升仍须做出艰苦努力

随着我国劳动力等生产要素价格不断上涨，劳动力成本优势正在逐渐丧失，面对印度、越南等其他发展中国家的低成本优势的竞争压力，产品价格提升的空间不大，我国制造业企业的利润面临进一步被稀释的威胁，并且已经出现逐渐被取代的趋势。如果我国企业一方面丧失生产制造优势，另一方面在技术、服务等方面又始终落后于发达国家，那么，我们会在国际分工中被动地陷入"进退维谷"的两难境地。同时，我国制造业在全球价值链中处于低附加值的生产环节，高强度消耗和高密集化使用的资源给环境造成了巨大的压力。因此，我国应该充分认识到产业升级的紧迫性，坚持走振兴制造业发展之路，继续定位严守制造业发展环节，以制造业为切入点，尽快优化产品结构，提升产品附加值，推动研发创新，逐步向技术、服务等高端环节过渡。我国面临的挑战主要来自以下几个方面。

一是发达国家高端技术封锁与中国的后发劣势。出于国家利益的切身考虑，具有技术垄断地位的发达国家绝对不会轻易将具有领先水平的高端技术转让给中国。同样，跨国公司出于保持自身垄断优势的战略需要，会保持对技术、设计等关键资源与核心技术的控制，也不会轻易转让自己掌握的关键核心技术。因此，如果仅仅依靠发达国家的技术转让，很难跨越与他们的技术差距。中国虽然可以通过引进国外比较成熟的技术来不断提高本土产业的发展层次与水平，但是，后发劣势的问题永远不可能通过提高技术引进水平的途径得到根本性解决。解决后发劣势问题的根本出路是在引进、消化、吸收的基础上，不断加强自主研发与创新。只有通过长期持续的技术和产品创新，才有可能不断实现技术突破和经济赶超，不断向前沿高端环节迈进，最终得以实现后发优势。

二是我国劳动力成本上升与其他新兴国家的竞争压力。中国制造业的"世界工厂"地位的形成，长期以来主要依靠廉价的劳动力等低成本竞争优势的支撑。近年来，各地陆续出现"用工荒"现象，这不仅是制度性因素引起的结构性劳动力短缺，也有人口结构根源。由于人口年龄结构的变化，劳动年龄人口的增长速度逐渐减缓，人口老龄化速度加快，导致了劳动力的短缺，标志着劳动力无限供给特征的完结，消除二元经济结构的刘易斯拐点正在到来。随着我国近年来工资总体水平的较快提高，从事简单加工制造工作的劳动者的工资也呈现上升趋势，各地普遍出现劳动力短缺现象，制造业企业面临着劳动力供给不足和成本不断上升的双重压力。

在国际上，"中国制造"的低成本优势正面临着严峻的考验。越南等其他发展中国家正在试图通过加入全球价值链的生产活动，来带动本国经济的发展，它们拥有比中国更加廉价的劳动力，对中国承接国际上劳动密集型产业的转移构成了重大挑战。同时，"金砖国家"中的其他几国也保持着强劲的市场经济增长势头，经济的繁荣发展带来了巨大的市场需求，它们越来越成为发达国家产业投资和转移的重要对象。俄罗斯丰富的资源条件、巴西廉价的劳动力资源和丰富的自然资源、印度独特的英语优势等都对中国未来的经济发展和扩大利用外资，带来了较大的竞争压力。

（四）提高贸易发展质量和效益仍面临艰巨任务

当前我国货物贸易顺差、服务贸易逆差、服务贸易发展滞后、竞争力不强等严重影响了我国整体贸易的竞争水平。从建设贸易强国的角度来讲，补齐服务贸易短板仍是当务之急。我国服务贸易竞争力不强是由多种原因造成的，一是服务贸易开放晚于货物贸易开放，二是新兴服务业态发展严重滞后于传统服务业发展。在全球服务贸易迅速发展的格局下，我国服务贸易处于弱势地位。从加快服务贸易发展的角度，首先还是要处理好服务贸易的开放问题，特别是高端服务领域的开放，例如银行、保险、电信、电子商务等。这些领域的开放有利于进一步吸引外资，短期看将对我国发展形成一定压力，但从中长期看，将有助于提升我国服务贸易的竞争力，最终将摆脱掉服务贸易长期逆差的发展困局。

第三章
全球化大趋势

当前全球经济格局发生重大变化,经济发展理念和模式处于探索之中,贸易保护主义有所抬头,逆全球化思潮普遍上升,全球化发展面临新的挑战,各国对开放市场的态度有所变化,导致全球经济和贸易的发展面临诸多新的困难。以美国为首的贸易保护行为不断上升,给全球经济复苏带来巨大障碍,贸易摩擦持续上升,对全球贸易投资产生破坏性影响。面对当前复杂困难的局面,中国在国际场合多次重申,全球化存在正反两方面的影响,中国将坚定支持全球化的正确发展方向,继续推进市场开放进程,本章将通过对全球化的分析,进一步坚定我们改革开放的理念。

第一节 把握全球化大趋势,积极发挥中国影响力

自2008年美国次贷危机以来,全球经济经历了长期艰难的调整期,至今仍未回归健康稳定的增长轨迹。其主要矛盾表现为:政策不协调、复苏不均衡、增长不稳定。在全球经济增长困难之际,各

主要经济体协调难度进一步上升，从而导致全球紧缩政策和量化宽松政策配置混乱，市场与政府之手频繁转换，内生与外在增长动能混淆不清。目前突出的问题是全球宏观政策定位不清晰，多数国家面临深度的彷徨与困惑。更有甚者，民族主义、恐怖主义、民粹主义、保护主义，各种思潮趁势而上，地缘政治冲突此起彼伏，进一步加剧了全球经济发展的矛盾，特别是以美国前任总统特朗普为代表，他所采取的一系列美国优先的保护主义政策，更加引起了世界对经济全球化发展前途的担忧。所以，面临全球复杂形势的变化，中国应科学把握世界发展的大趋势，坚定支持全球多边贸易体制，积极引领全球化正确发展方向，在主动参与全球治理的过程中，不断发挥中国的影响力，逐步奠定中国在国际事务中的主导作用。

一、经济全球化的利弊分析

从经济全球化理论和实践的角度分析，20世纪70年代以来全球掀起的新一轮产业结构的调整集中代表了经济全球化的快速发展阶段。在跨国公司的推动下，产业结构调整和跨国贸易投资成为发展的主流，象征着经济全球化的蓬勃发展阶段。这一段时间也是全球经济增长最快的时段，统计数据显示，全球经济规模从1970年的2.95万亿美元，增长到2010年的65.6万亿美元，增长了20多倍。全球贸易从1970年的3 056亿美元到2010年的15万亿美元，增长了接近50倍。

经济全球化的贡献不仅体现在经济贸易增长方面，产业结构调整及社会形态的积极变化也是其体现。例如，欧美在20世纪70年代推进的产业结构调整就是充分利用了全球化的发展机遇，通过这一调整，欧美的制造业平均从40%强降至10%左右，服务业比例从50%左右上升到70%以上，其结果使欧美成功地进入到后工业化社会。欧美的大多数劳动者已转为白领工人，大量知识密集型的服务行业为劳动者提供了高收入的就业机会，由此迅速形成了庞大的中产阶级，构成了社会消费的主导力量，支撑了其经济的稳定发展。此外，欧美进入后工业化社会，基本摆脱了化石能源的消费，进入了低耗能的环保型社会阶段，这是一个巨大的社会进步，同时也大大减少了对污染治理的资金投入。

在后期的发展中，欧美社会迅速进入了金融优先的发展阶段，并形成了脱实就虚的发展倾向，由此带来的劳动生产率停滞以及潜在经济增长率的下降大大困扰了欧美经济的发展。将欧美目前的困境归咎于全球化发展的结果既不符合事实也无助于问题的解决，因为全球化的发展本身并不属于零和游戏，在全球化的发展过程中，一国根据其比较优势参与国际竞争，是符合国际经贸合作规律的。根据比较优势贸易模型的测算，贸易合作双方应都是受益的，不存在输家与赢家之分，所以美国将自身的贸易逆差指责为是全球化所带来的结果是不符合实际情况的，也是没有科学依据的。这充分体现了主要发达国家在长期面对经济增长困难情况下的一种尴尬现象。

二、经济全球化的矛盾和问题

为什么全球化在欧美社会经常遭到产业联盟和工会组织的强烈反对？其原因是多方面的。

一是在全球化的发展过程中，大部分利润被跨国公司所垄断和享用。在跨国公司早期的发展阶段，他们通过加大创新投入，确实对劳动生产率的提升做出了积极的贡献，当时由于经济增长的繁荣掩盖了全球化发展中存在的一些不平衡状态。近年来由于全球经济增长困难，同时跨国公司脱实向虚的倾向日趋明显，且主要资金都集中投向资本市场并从中获利，其结果导致创新能力下降，社会全员劳动生产率长期停滞不前，资产泡沫居高不下，实体经济发展受到重创，潜在的经济增长率受到影响，全球经济发展不平衡的矛盾进一步凸显。一方面是跨国公司的高管和金融部门长期享受着高工资和高福利的待遇，另一方面是由于产业的转移，蓝领工人的就业机会有所减少，就业压力上升，进一步加剧了社会分配的落差，导致社会底层的不安定因素进一步上升。

二是政府没有兼顾好社会底层广大劳动者的利益。无论从生活质量还是生存环境的角度，政府在社会保障、医疗体系改革等方面都没有发挥更好的作用，没有保护好社会底层劳动者的利益，致使部分劳动者的生活长期没有得到明显改善，从而产生了对政府的抱怨并认为这是全球化带来的负面影响。

三是全球化进程中的国际协调能力明显滞后。至今仍缺少全球统一的投资协定，包括在数字经济发展方面及欧美在税收方面存在的争论。

所以从长远的发展角度看，坚持全球化的正确发展方向仍是十分必要的，但也要注意协调解决好全球化发展中存在的负面因素，关键要加强以下几方面工作。

首先，要加强全球贸易和投资的规范和指导，引领全球贸易投资继续健康发展。在全球贸易投资增长对全球经济增长的支撑作用方面，各界的认识基本是一致的，这一点主要应通过全球经济治理来完成。除了要继续支持WTO作为多边贸易体制继续发挥作用之外，更重要的是要加强对全球投资规则的制定和完善。2016年G20杭州峰会所通过的关于全球多边投资指导原则的文件，是一份十分重要的文件,说明了主要国家已就推动全球投资规则谈判达成了原则性的意见,该文件的落实与最终完成关系到全球贸易投资的健康发展,有利于改善当前经济全球化的发展环境。

其次,高度参与全球化的国家,要积极平衡好国内社会底层的群体利益,避免产生社会分配严重不均的现象,控制社会财富严重两极分化的趋势。同时要兼顾好社会底层的生活和工作,特别是在经济发展政策方面,要兼顾好中小企业的发展利益,不能只维护大企业集团的利益,在宏观政策方面要注意向社会底层有一定的倾斜和安排,要适当加大对失业者的培训,努力通过调整教育结构扭转结构性失业的矛盾。当然重点要通过调整税收逐步解决好收入分配两极分化问题,争取获得社会更广泛的理解和支持。

此外要发挥好全球化进程中的国际协调机制的作用,为了推动全球化健康发展,主要国家一定要在市场开放方面做出表率,抵制贸易保护主义,坚持公平包容的发展理念,打造平衡普惠的发展模式,不断开创互利共赢的合作局面。在推动全球化发展的过程中,持续通过各自的努力把全球经济增长优势激发出来,使得更多的国家在全球经济增长中有所受益,增强人们对全球化发展的信心。

第二节　坚持高水平开放,促进高质量发展

一、坚持高质量发展是党中央明确的重大发展策略

当前国际形势正面临百年未有之大变局,高水平开放和多边规则的矛盾正在发生复杂变化,以美国为首的单边主义和贸易保护主义的破坏性正在不断发酵,欧美国家针对我国公平竞争的市场环境

多有抱怨，我国面临的贸易保护主义和摩擦不断升级，给我国外向型经济发展带来新的挑战和压力。日本牵头完成了新的高标准的"全面与进步跨太平洋伙伴关系协定"（CPTPP）谈判，并已投入运营，美墨加自贸协定的签署带有明显的区域保护主义特征，WTO改革正酝酿制定新的高标准的国际多边规则，这些新的形势变化对我国今后的改革开放和外向型经济发展均形成了新的压力和挑战。

自党的十九大以来，党中央科学把握国际形势变化的新特点、新趋势，及时提出高水平开放的新要求，并已采取了一系列新的开放举措。例如，扩大市场准入，尽快在全国实行外商投资负面清单管理模式，降低进口关税，积极扩大进口，加快服务业开放，扩大利用外资，加快探索自贸试验区试验进程，及时批复海南探索自贸港建设等一系列改革开放的重大举措，这些措施在开放的实践中已经产生了积极的效果，不仅提升了我国的开放水平，而且在国际上也得到了积极的反响。2019年两会通过的外商投资法，为下一步打造良好的营商环境奠定了法律基础。当务之急是把握好高水平开放同高质量发展的内在联系，把适应国际竞争的新形势，推进高水平开放的新格局看成是促进我国经济高质量发展的内在动力。在外部环境不利因素日益增加的情况下，我们一定要保持政策定力，坚定不移地推进高质量发展，全面提高我国经济的发展质量和国际竞争力。

二、高水平开放有利于构建高质量发展的市场环境

2019年，中央经济工作会议提出，面对国际市场的复杂变化，我们有信心有能力保持我国经济的稳中有进，关键要做好稳就业、稳金融、稳外贸、稳外资、稳投资和稳预期的各项工作，而坚持扩大开放，打造良好的营商环境是确保经济稳定的关键内容。外资法

的出台在放宽投资准入、保护外商投资的合法权益，规范竞争政策，创造国企、民营和外资企业一视同仁的竞争环境方面起到了制度性的保障作用，有利于外资企业扩大在华投资，与此同时进一步放宽外资的市场准入，实现负面清单管理模式，这些要求的核心是通过继续扩大市场开放，确保有效的扩大利用外资，进一步促进我国外向型经济的健康发展。

三、积极扩大招商引资有利于经济稳定增长和转型升级

目前外商投资无论存量和增量在我国国民经济发展中长期占有重要位置，保持外资的稳定增长是确保经济稳定增长的重要内容。近年来外商投资的重点主要集中在服务业和高技术制造领域，所以这次我国新公布的负面清单就结合了国际投资格局的变化，大胆地放开了服务业中的众多领域，包括部分高端制造业领域，同时还放开了大多数领域的投资股权限制，包括部分产业投资的股比限制，这些新的开放政策必将对外资产生新的吸引力，而随着外资的进入必将推动部分服务业和高端制造业的快速发展并形成我国经济新的增长点，结果将有利于促进我国经济的高质量发展。

四、高水平开放有利于我国更主动地参与国际竞争

当前，全球经济受疫情的影响已呈现阶段性萧条状况，各主要经济体的表现都不尽人意，加之经济增长的深层次矛盾影响，全球经济复苏仍看不到明显的迹象，国际竞争将更趋激烈，贸易保护主义有所抬头，中国在多个国际场合一再强调坚定支持国际多边体制，反对贸易保护主义，并赢得了国际社会的普遍响应与支持。在此环境下，中国有必要身体力行，坚定地走开放型经济发展道路，全力

打造公平化、法制化、国际化的营商环境,此举不仅有利于加快我国经济自身的发展活力,保持经济健康稳定发展,同时也将有利于我国在国际竞争中获得主动,更有利于我国在国际事务中发挥更大的作用,有利于我国企业公平地参与国际竞争并不断提高我国企业国际竞争的新优势,进一步扩大我国在国际上的影响力。

第三节 推动经济高质量发展的着力点

一、坚持以推进供给侧结构改革为主线全面振兴制造业

当前我国经济面临的最突出问题是无效和低端供给过多,供需不匹配问题严重。我们通过推进供给侧结构改革,坚持去产能、去库存、去杠杆工作已经产生了积极的效果,部分过剩产能的调整已初见成效,高技术产业在经济发展中的贡献持续上升,经济结构已发生了明显的变化。在高质量发展的要求下我们必须继续坚持结构调整,进一步促进新旧动能转换,考虑到我国经济面临的持续下行压力,从稳增长的角度考虑,我们应将政策重点转向降成本和补短板。一是要尽快落实大幅度减税的承诺,两会期间政府工作报告提出的有关减税内容应尽快付诸实施并将政策落到实处,全面减轻企业税负,调动企业发展的积极性。二是要继续鼓励企业加快新产品研发,促进产品的升级换代,满足消费升级的需要,扩大有效需求,倒逼实体经济转型升级,逐步改善市场预期,促进国内消费市场的繁荣发展。

二、坚持自主创新和开放创新双驱动发展模式

坚持创新驱动发展是实现高质量发展的根本要求，党的十八大正式提出实施创新驱动发展战略，党的十八届五中全会又将创新发展列为五大发展理念之首，之后国务院各部门又陆续出台了一系列的指导意见和发展纲要，应该说我国创新发展战略的顶层设计已经完成。为适应当前国际形势的发展变化，我们应特别处理好自主创新与开放创新的关系。随着我国经济体量和技术水平的提升，不少人主张未来要更多地转向自主创新，特别是在欧美发达国家不断加强对我国技术封锁和打压的情况下，加强自主创新，降低对国外技术依赖的呼声日益上升。这种观点固然有一定的道理，因为从发达国家的技术创新发展的路径看，应该承认从技术追赶到自主创新是普遍发展规律，但需要强调的是自主创新并不等于关起门来自己创新，在当前各种要素的国际化流动日益加速的情况下，以全球化视野，海纳百川的气度，尽可能地有效利用国际上的各种创新资源，加快提升我国自主创新能力仍是不二选择。此外我们还特别要把握好政策支持与市场竞争的互动关系以及制度创新与技术创新的转化关系。

三、提高我国服务业的发展水平，力促经济高质量发展

面对当前复杂的国际竞争格局，客观上要求中国加大对外开放的力度，特别是服务业的开放面临着更大的压力。如果说此前中国制造业的发展和货物贸易的迅速增长得益于对外开放，那么在中国新一轮对外开放中，与货物贸易相比，服务业的发展及竞争力的提升，也唯有扩大开放才得以实现。服务业的扩大开放关系到中国经济的高质量发展及在全球经济中的竞争地位，需要认真把握和处理。

党的十八届三中全会通过的《中共中央关于全面深化改革若干重大问题的决定》对构建开放型经济新体制提出了新的要求,并规定了新的服务业开放领域和进一步加快服务业开放的总体要求。其中明确提出放开养老、建筑设计、会计审计、商贸物流和电子商务等五大领域。党的十九大又进一步提出要加快推动金融、保险、文化、教育和医疗健康等领域的扩大开放,由此可以看出,扩大服务业开放是当前改革开放面临的主要任务,而扩大金融、保险、教育和医疗的开放又是当前最艰巨的任务。目前,中国18个自由贸易试验区的建成,扩大服务业开放试点均列为主要内容,从而为新一轮服务业开放提供了契机,自贸试验区总体方案中服务业开放主要包括金融服务、航运服务、商贸服务、专业服务、文化服务、社会服务等六大领域。而上海自贸试验区及新片区的启动将在推动高水平开放方面发挥更加积极的作用,其成熟的开放经验及管理体制创新的有效做法,无疑将逐步形成众多可复制的经验,为进一步在全国复制自贸试验区的开放经验,以推动全国的改革开放进程起到积极的引领作用。但从目前全国经济发展及改革开放现状分析,各地完全等待上海自贸试验区的复制经验似乎有些被动,应主动创造条件加快推动全国统一的服务业开放进程,引入新的竞争机制,形成新的增长动能。

四、提高企业发展质量和效益,构建经济高质量发展基础

企业作为经营主体是实现高质量发展的微观基础,企业质量效益型的发展路径及环境决定了高质量增长的速度和空间。目前更多的企业已经适应了新常态下的经济发展模式,已经不再期盼新的优惠政策和任何支持政策。反之,优秀的企业更加期盼拥有一个公平

法治的市场、竞争环境，他们正在集中力量寻求新产品和新技术的突破，并把开拓市场、提升竞争力作为企业发展的突破口。在这种形势下，政府应继续转变观念，减少对企业的微观干预，努力减轻企业的税费负担，确保在国企、民营企业和外商投资企业之间形成统一公平的竞争环境。政府应把工作重点放在维护公平的市场竞争秩序方面，为企业走向质量效益型的发展路径提供制度上的保证。当更多的企业在质量效益型方面实现了突破性发展的时候，我国经济就进入了高质量发展阶段。此外，政府应高度关心中小微企业的经营环境，全力减轻中小微企业的经营负担，调动这些企业发展的内在活力和发展的积极性，引导他们逐步转向高质量发展模式。

五、发挥区域发展战略的引领带动作用

充分发挥区域合作地区在高质量发展方面的带头引领作用。当前，我国区域发展战略由南到北已基本成型，粤港澳大湾区发展战略、长三角一体化发展战略以及京津冀协同发展战略，三大区域目前已构成我国经济发展的主要地区。三大区域积累了一定的发展实力和基础，聚集了全国优秀的人力资源，集中代表了我国经济发展的第一方阵，它们的共同发展目标都是以开放型、国际化、高质量发展定位为主，这三大区域发展战略最有条件提前建成我国高质量发展的先行区域。所以加大对三大区域发展战略的政策支持，赋予它们更大的改革开放的自主权，鼓励它们大胆地先行先试，突破体制机制的约束，以更加开放的姿态、更加灵活的政策加快探索区域经济协调发展的经验，率先实现更高质量、更有效率、更加公平、更可持续的经济发展模式，带动全国经济的高质量发展，为我国经济的全面振兴，为中华民族的伟大崛起奠定坚实的基础。

第四章
价值链发展规律

当前我国正面临国际形势百年未有之大变局,全球经济增长继续面临下行压力,贸易投资发展受阻,科技竞争和壁垒持续上升,全球资本市场震荡加剧,加之新冠肺炎疫情的影响给全球经济的增长又增添了新的不确定因素。与此同时,欧美社会面对新兴工业化国家的快速发展正在企图通过振兴发展其制造业,巩固其在全球产业技术方面的垄断势力和主导能力,以长期获取高额利润,确保其经济的长期稳定发展。为此,全球价值链正面临新的布局和调整的压力,这些形势变化,为我国外向型经济发展带来了新的矛盾和困难。

第一节 全球价值链理论的演变及发展

一、全球价值链的基本概念

20世纪70年代,随着国际贸易的快速发展,跨国公司在国际贸易活动中日益扮演重要角色,以跨国公司主导的产业内贸易和产业间贸易形成了一种新的发展态势,他们将越来越多的生产环节通过股权或非股权投资方式分包给分布于世界各地的相关企业,从而使生产分工深入到价值增值的各个链的节点上。跨国公司全球化采购战略还使得产品的生产和销售形成了跨区域或跨国界的生产链条,公司内贸易占世界贸易的比重日益增多,各国参与到特定产品生产过程中不同环节的生产或供应活动。而在这一产业转移过程中,亚洲新型工业化国家发挥了重要的承接作用,由此伴随而发展的产业内贸易、公司内贸易、产品内贸易、生产要素内贸易等活动进而又强化了全球价值链的分布与发展。

一般认为,全球价值链概念的形成经历了企业价值链、全球商品链和全球价值链等发展阶段。起初,价值链从企业微观领域切入,是指企业各种经营活动的集合体,包括产品设计、产品生产、产品对外销售、物流等。后来,从企业层面转向商品范畴,产品的生产完全超越了独立加工的过程,特别是涉及高科技产品范畴的生产更具有典型的代表性,商品链的概念变得更加普遍。商品链是指商品的生产过程通过跨国经营活动分布在不同国家,全球采购商或大型跨国公司在全球商品链形成过程中起到关键性作用。直到 2005 年才转而采用"全球价值链"这一术语,强调产品和服务的价值在链条上的贸易增加值创造和各种信息的上下游双向传递。

总体来看,全球价值链涉及纵向和横向两个维度,即水平分工和垂直分工两种。纵向是指从原材料处理到最终产品形成的价值创造;横向是指跨国家、跨区域的分工协作。全球价值链这一概念提出后,适逢经济全球化发展的上升阶段,从而迅速显示出其强劲的理论张力和实用价值,在管理和社会科学领域得以广泛的应用和推广。经济及统计学领域对全球价值链的研究起步较晚,但迅速在经济理论和统计测算方法上相继取得了明显的突破，为供应链管理、价值链治理、国际贸易统计和经济发展等传统研究的融合提供了理论及计量基础，进而使全球价值链的研究同企业战略、产业组织、社会制度、国家及国际贸易政策等方面的研究产生了密切的关系，使其既具有微观基础，又具备宏观视野，成为一个完整的综合研究体系。

从近年来的全球价值链文献情况看，全球价值链研究聚焦于一些国家参与国际分段式生产网络的行业和企业特征、跨境贸易投资活动对全球价值链的影响、服务贸易在全球价值链中的积极作用、发展中国家参与全球价值链的能力建设等。在全球价值链链条中，欧盟、北美自贸区和中国加入世贸组织是三大标志性事件，美国和中国分别是重要引领者。美国及带有美国资本背景的跨国公司通过北美自贸区和主导多边贸易规则实现了全球价值链上贸易增加值的迅速扩张，中国则通过扩大对外开放，特别是服务业部门的开放和加入世贸组织，实现了生产要素在全球价值链上的有效配置。从服务贸易统计看，2018年美国和中国位居世界服务贸易出口和进口前三位。中国服务贸易出口和进口额占全球份额虽低于美国，但从中美服务贸易增速和走势看，中国服务贸易增长和占全球份额仍有较大空间，随着中国的服务业对外投资活动增多，服务在全球价值链中将发挥重要的"黏性"作用。

2017年7月，世界银行、世界贸易组织等发布《全球价值链发展报告》，提出"全球价值链是一种新贸易理论"，可以以此解释世界贸易现象。这是对全球价值链理论研究的一种权威认可。

二、价值链新理论研究对我国的启示

一是价值链研究成果充分肯定了经济全球化和自由贸易的正确发展方向,全球价值链内在逻辑的阐述使国际社会对全球化有了新的认识,生产与贸易深度融合的积极作用否定了国际贸易作为零和游戏的结论。说明了国家之间的经贸关系并不是单一的竞争排斥的关系,而是分工合作和竞争互补的关系。一国对另一国在某些产品和服务贸易的限制或障碍会严重影响价值链的运转,进而也会影响到自身的利益。各国应从价值链合作的角度正确看待国际贸易中的顺差和逆差的概念,支持鼓励贸易投资自由化、便利化是一种积极的正确选择。

二是价值链理论分析的结果有助于我们准确把握各国参与贸易的程度。传统的国际贸易统计是按海关报关单为准的货物贸易总值为统计依据的,这种统计方法没有考虑到最终出口产品中包含的进口中间产品的价值,往往造成贸易额的重复统计,导致各国间的贸易数字被曲解,更难以区分各国在相关环节的经济贡献,按此分析中美贸易的不平衡至少有40%是被高估的。为此WTO积极推进全球价值链下的国际贸易统计方法研究,但由于各国的统计方法不同,目前在技术操作上仍存在较大障碍。

三是按价值链分析法评估我国的实际出口增加值是被高估的,说明我国虽是出口大国,但并不是强国,我们在全球价值链中的地位仍需提高。我们应借鉴价值链理论概念,分析我国贸易的实际贡献,找出差距,确立新的发展目标,一方面我们应鼓励企业向产品价值链的两端发展,即加快向微笑曲线的两端发展,同时也有必要依据价值链理论,调整我国的经贸政策,促进贸易结构的转型升级。

四是价值链的作用说明了我国支持自由贸易的发展方向,维护多边贸易体制的积极作用是正确选择。近年来由于美国转向了贸易保护主义,过度强调美国优先的政策定位,全球自由贸易发展受到挑战,多边贸易体制受到威胁,与此同时区域贸易合作却处于上升趋势。我们有必要积极参与区域自由贸易合作机制,创造有利于我国贸易发展的外部环境。目前我国不仅在亚洲地区的生产贸易中居于主导地位,在国际市场上我们也是重要的制造中心和贸易大国,在全球价值链中扮演着极其重要的角色。为积极应对美国鼓吹的同我国脱钩的政策,我们必须加大多边和区域合作,适应国际经济发展的新潮流,通过参与自贸区合作,拓展更广阔的贸易发展空间,在发展贸易投资合作中实现互利共赢。

第二节 积极融入全球价值链合作

起源于 20 世纪 80 年代的经济全球化浪潮,对全球经济结构调整及推动世界经济增长发挥了积极的作用。中国作为后起的发展中国家,通过对内深化改革和对外扩大开放,以吸引外资和扩大出口为发展主线,加快了中国工业化和城镇化的步伐,并迅速发展成全球出口大国和制造业大国。目前中国拥有世界上规模最大的制造业规模,行业齐全的工业体系成为支撑中国国际贸易竞争力的重要源泉。

据世贸组织统计资料显示,中国制造业占全球制造业产值的比重已超过 25%,在全球 500 种主要工业产品中,中国有 220 多种工业产品产量位居世界第一。此外中国的供应链和产业配套能力在全球已形成不可替代的竞争优势,以消费电子产业为例,中国深圳地区已形成世界上最具成本优势和规模最大的电子信息产品供应链,美国苹果公司的手机和戴尔公司的电脑产品在全球共有700多家供应商,其中近一半在中国。中国的汽车零部件生产配套能力直接影响到全球主要汽车厂家的生产和供货,说明中国已深度融入全球产业链和供应链,成为全球价值链的重要节点,中国已发展成为全球公认的制造中心。面对当前复杂的国际竞争环境,我们应该认识到巩固和提升中国全球制造中心的地位,深度融入全球价值链竞争格局仍是我们面临的重要任务。

首先,我们要认识到中国目前仍是初级阶段的"全球制造中心"。从现代国际经济竞争格局和国家竞争优势的发展规律看,一国要想成为"世界制造业中心"必须具备四个必要的条件:一是生产要素的比较优势和人力资本的素质;二是国内市场的消费潜能和市场开放的吸引力;三是技术创新的主导力和可持续创新的能力;四是市场在资源优化配置方面的主导因素和产业政策的配套能力。从上述四大条件看,我们都具备了一定的优势,但也要看到我们的不足,例如,我国经济发展的质量和效益不高,核心竞争力不强就是一大短板,我国的工业制成品出口比例很高,但仍缺乏自主知识产权、自主品牌和自主营销渠道。我国的高新技术产品出口比例上升较快,但产业创新能力和在全球价值链中的地位仍有待提高。结论是要想巩固和提升我国在全球产业链中的位置仍有许多努力的空间。

其次,要看清全球产业链竞争的特点和变化趋势。一是欧美主导国际竞争格局的现状不可能长期存在,全球制造中心国际间的转移是经济发展的客观规律。19世纪英国在工业制成品和贸易方面的垄断地位,20世纪上半叶美国在全球经济贸易发展中所确立的主导地位，以及二战后日本经济的崛起和在贸易投资方面的冲击力都已是过往烟云，以上各国依次轮回替代的历史经验和教训值得我们深入研究。

从全球制造中心的发展轨迹看，至少可以得出以下三个结论：一是全球制造中心必须辅以强大的工业体系和发达的全球营销网络，具备明显的要素优势和技术创新优势；二是作为全球制造中心的国家，必须拥有足够的国内市场需求和开放的市场环境；三是全球制造中心的转移变化是客观趋势，任何一个国家不可能永远占据这种中心的地位，只能努力使之延长或有限度地保住一些核心领域。由上述分析可以得出结论，当今美国倡导的制造业回流的做法是不现实的，也是不符合全球经济格局变化发展规律的，对此我们将拭目以待。

再次，科学把握全球经济贸易格局发展变化的大趋势。目前全球竞争日益激烈，国家间的竞争态势以取代企业间的竞争格局成为当前国际竞争的主流，其中大国竞争的态势又表现得尤为突出，矛盾的焦点体现在国际经济治理和竞争规则的主导权以及各主要国家在国际事务中的话语权和影响力。有几大趋势需要我们认真把握。

一是在未来的十年间，新兴经济体将逐步发展为全球经济的主导力量和全球制造业的主体，但全球的技术进步和创新仍将以主要的发达经济体为主，新兴经济体在制造业方面的综合竞争力将持续上升，但在核心竞争力方面仍难以全面超越发达经济体。

二是在大国竞争日趋激烈的形势下，全球治理和贸易规则的重塑将是一个漫长的过程，贸易投资的发展将受到严重影响，WTO改革将充满矛盾和各方博弈，贸易摩擦和不同形式的限制措施将继续阻碍和影响全球贸易和投资的健康发展，区域贸易投资合作的作用和影响将进一步上升,并将进一步发挥重要的影响。

三是国际跨国公司在技术进步和市场竞争中将继续起主体作用,跨国公司在全球经济竞争中的主体地位不会改变。历史的经验表明,尽管形式上经济学家的理论和政府的行为一直是社会关注的焦点,但实际上社会的进步仍是由社会生产力推动的结果,而跨国公司仍将是这一进程的重要力量,因此未来国际竞争格局的变化和竞争的焦点将围绕国际投资规则的重塑和各国投资环境的修复与调整。

四是国际产业链变化的新趋势,当前全球制造中心的空间布局正在从单一化走向多极化和均衡化。部分国家可能会凭借其某一领域的优势发展为区域单一产业的制造中心,因为任何国家都不可能以封闭的形式占据全球的垄断地位,开放和相互融合发展是最有效的发展模式。在经济利益的驱动下,跨国公司不会收缩其产业链投资,而只会加强其在某一优势领域的投资,从而有利于形成多极化的技术优势和产业链布局。

第三节 提升我国在全球价值链中的竞争地位

党的十九大提出的我国经济"双高"的发展目标即高水平开放和高质量发展是完全符合我国经济现阶段发展实际的,是重大的战略决策,需要我们认真贯彻落实。我们必须坚持继续以扩大开放和深化国内经济体制改革为工作主线,认真落实已宣布的放宽市场准入,降低进口关税,打造良好营商环境等各项高水平开放的有关内容。加快国内增长潜力较大的几大区域发展战略的推进和实施进程,发挥好区域经济发展战略在带动我国经济高质量发展方面的积极作用,突出解决好现有 18 个自贸试验区在改革开放方面先行先试的难题和赋予这些试验区更大改革开放自主权问题,发挥好自贸试验区在高水平开放中的重要引领作用。加快海南自贸港建设,积极探索我国高水平开放新路径。为更好适应国际经济格局变化和全球产业链竞争发展的新形势,我们应集中精力解决好以下几方面问题。

一、力促实体经济振兴发展,打通阻碍发展的体制障碍

实体经济的发展关系到我国经济发展中投资引领和工业产值的增长以及对外贸出口的支持作用,涉及经济稳增长的核心和国家竞争实力的变化。要在政策设计和市场竞争机制方面形成保障,要注意在我国现有经济结构中,实体经济、中小企业、民营企业、出口企业实际上是相互交叉的,多数情况下是一个实体兼有四个身份。这一群体的主要困难,首先是长期承受着高成本融资的压力和市场竞争环境不利的诸多因素,所以支持实体经济发展关键是要优先解决好国企、民营和外资三大经营主题的公平待遇问题;其次是要解决好他们的融资渠道,降低他们的融资成本。目前我国的宏观经济运行和调控,产业政策的作用已让位于财政政策和货币政策,所以应通过进一步深化我国的金融体系改革,确保银行信贷的运营同实体经济发展能够紧密结合起来,避免大量资金在金融系统内或国有企业内的封闭循环,无法形成对众多实体经济的有效支持。特别要落实好对中小微企业的支持政策,这一政策的落实关系到未来我国经济的增长活力,关系到我国制造业的繁荣发展及国际竞争力的提升。

二、下大力气改善营商环境,稳定产业链和供应链

保持外商投资的稳定增长特别是国际跨国公司的在华投资至关

重要，因为当前外资在我国经济中的比重和作用仍十分关键。中美贸易冲突最严重的冲击点不是外贸，而是外资，因为稳住制造业就可以稳住外贸，但要想稳住外资则需要良好的投资环境。在当前我国经济仍然面临下行压力之际，稳外贸和稳外资显得尤其重要，甚至从整个"十四五"看，落实好这"两稳"都是至关重要的，稳外资的核心是打造良好的营商环境，在这方面近两年我们已经取得了积极的成效，我们连续三年在世界银行调查的营商环境的排名中有了大幅度的提升，尽管如此，我们仍有很多方面需要继续努力改善。"十四五"期间改善营商环境的重点应聚焦在三个方面：一是努力做到政策信息的公开透明，增强国家宏观政策和部门政策的透明度，加强对企业预期心理的积极引导；二是按照国民待遇原则，规范有关的法律法规和各项经济政策，避免可能存在的歧视性政策，从全国统一大市场的角度考虑确保市场竞争的公平性；三是加强对垄断部门和垄断行业的规范和限制，进一步提高执法的规范性、稳定性和连续性，稳定企业的预期心理。

三、提高发展的质量和效益，积极融入全球价值链合作

通过改革开放的发展，中国不仅巩固了货物贸易大国的地位，同时在贸易结构和出口产品国际竞争力方面也取得了积极的进展。一般贸易出口和民营企业出口比例已超过50%，高新技术产品出口比例持续上升，服务贸易规模不断扩大。面对当前国际竞争的新格局，如何继续提高出口产品的国际竞争力仍是主要发展目标。外贸发展要将工作重点逐步转向建立新的内生增长驱动模式方面，以更多市场化改革的方法促进制造业的发展和企业竞争优势的提升，因此，如何巩固提高中国制造业的竞争力和出口企业的经营能力将成

为中国外贸稳定增长、积极主动参与全球价值链合作的重大课题。要重点做好以下四个方面。

一是继续转变政府职能，深化外贸体制改革。继续推动市场化改革进程，加强市场开放的法律体系建设，继续简化市场准入条件及政府审批，提高主管部门对企业的服务能力和水平。构建高水平的市场开放体系，加强外贸政策的透明度和统一性，处理好贸易政策和产业政策的互动关系，提高应对贸易摩擦的能力，逐步形成外贸与内贸互动、外贸与对外援助、利用外资、走出去的联动发展格局。

二是积极参与国际自贸区建设，继续推动自主降低关税进程。未来几年WTO改革将面临艰巨挑战，主要贸易方在改革议题上难以达成一致，估计多边贸易体制改革在短期内将难以结束。我们除了注意在多边贸易体制改革中积极发挥作用外，为适应全球自贸协定发展的新格局，我国应更加主动拓展同主要国家和地区的自贸协定，主动发挥在已建成的自贸区中的积极引领作用。特别是要发挥好在区域全面经济伙伴关系协定和中日韩自贸区的重要作用，与此同时还要考虑实行积极主动的自主降税过程以适应国际竞争的新格局。探索建立与国际高标准贸易规则相适应的贸易便利化促进体系，加强我国企业的诚信建设和电子商务建设，努力实现同国际高标准开放体系的全面对接。

三是加快培育外贸竞争新优势，提高企业开拓国际市场的能力。尽管我国的经济结构已发生了巨大变化，服务业的发展已成为支撑经济增长的主要力量，但稳定发展对外贸易仍是我们面临的重要任务，关键是要在培育外贸企业的竞争新优势方面下功夫。培育以技术、质量、品牌、服务为核心的对外贸易竞争新优势，推动海外营销网络的构建，完善外贸发展的促进体系，推动传统产业通过创新巩固其在国际市场的竞争力。不断提高高新技术产品的出口比例，积极推广贸易方式和商业模式创新，加强对大数据背景下的电子商务、网络贸易、运输工具和新结算方式的应用和普及。

四是努力提升服务业出口的国际竞争力，逐步实现服务贸易进出口的平衡发展。服务贸易的巨额逆差是我国外向型经济发展面临的新课题，要采取有力措施扭转服务贸易发展的被动局面。因为服务贸易巨额逆差的存在，不仅严重制约了我国货物贸易的扩大进口前景，而且会对我国经常项目下平衡产生宏观上的压力。我们必须通过扩大服务业开放，加快体制机制创新，构建公平竞争的服务贸易市场环境，促进现代服务业发展，提高服务贸易发展水平和竞争力。建设为出口企业提供设计研发、公共实验室、试验检测、注册认证、信息咨询、展示营销和仓储物流等服务的公共平台。推动形成有利于中小型服务企业发展的政策环境，从税收和融资环境等方面入手，逐步建立适应服务贸易发展的税收政策体系。

四、加快落实市场开放举措，继续吸引跨国公司来华投资

在国际竞争加剧和贸易摩擦上升的影响下，我国利用外资受多方面因素影响，呈现低速增长态势。当前我国仍面临着稳定扩大利用外资的艰巨任务，这也是确保我国经济稳定增长的关键。当前在外资进入方面，我们不仅面临来自全球产业链调整的挑战和欧美投资政策的限制，而且随着发展中国家进一步加大引资政策的优惠力度，更将使我们利用外资面临激烈竞争。我们必须继续采取更加积极主动地利用外资政策，着力改善利用外资的市场环境，将扩大利用外资同我国转变经济发展方式、提高产业竞争力、提高在国际分

工中的影响力结合起来,保持利用外资的稳定增长,确实提高利用外资的质量和效益。重点要考虑以下三个方面。

一是全面落实负面清单管理方式,完善准入前国民待遇,加强知识产权保护。负面清单管理模式是当前世界上开放度最高的管理模式,真正做到严格按清单执行仍是有相当困难的,所以清单的范围大小及长短并不完全代表市场开放水平的高低,关键要看清单外的投资产业是否真正实行了自由许可。其次要看准入前国民待遇原则的落实情况,是否在国内市场能够形成国企、民营和外商投资企业政策的规范统一,目前我们在这方面还有很大的改进余地。所以仍要打造法治化的营商环境,进一步完善法律法规,特别是要坚决清理部门和行业的规章制度和行业管理文件,使之完全符合国民待遇原则。下大力气规范市场竞争行为,促进垄断性行业的改革,为外资发展营造公平、公正的市场竞争环境。加快政府职能的转变,推进投资审批便利化,在外商落户、办理手续等方面提高服务意识。

二是完善利用外资政策,制定鼓励战略性新兴产业、高新技术产业、节能环保产业、现代服务业、现代农业与我国转变发展方式相适应的产业引资政策,其中加快服务业的开放和扩大服务业招商引资尤其重要。从国际投资发展趋势看,目前国际资本对服务业投资需求较大,且我国许多高端服务领域因开放滞后,导致相当一部分高端服务业竞争力不强,发展缓慢。因此,扩大这些领域的开放,不仅可以实现短期内扩大利用外资的目的,同时也可以更好地为我国国民经济增长做贡献,从长期看还可以提高我国高端服务业的国际竞争力,提高扩大出口的能力。当然一方面我们要加快服务业的开放,同时也要注意不断地提高有关管理部门在市场准入开放后对事中事后的监管能力。妥善处理好扩大开放和提高监管水平的关系，只有在监管水平不断提高的前提下，我们才更加有信心加大开放力度，加快高端服务领域开放及开拓新型利用外资方式。开放重点产业和机械制造业外商参与兼并收购的政策，赋予外商投资企业享受国内相关技术创新和研发的支持政策。

三是采取有效措施，积极引导外资流向。要通过采取差异化引资策略，促进东部地区服务业扩大利用外资，适当开放投资价值较大的部分专业服务领域，积极稳妥扩大金融、证券、保险等各类服务业的对外开放。促进中西部地区制造业利用外资，放宽中高端制造业外资准入条件，鼓励在中西部地区建立产业转移承接基地，创造条件确保中西部地区在吸引产业投资方面形成新的优势。

五、促进对外投资的健康发展，巩固以我为主的全球生产网络布局

根据国际投资理论，我国已进入对外投资快速增长期。"十三五"时期，我国对外投资保持高速增长态势，投资领域和国别日益拓展，商贸服务业、采矿业、批发和零售业、制造业、建筑业和交通运输业合计占对外投资总额的90%，中国香港、东盟、欧盟、澳大利亚、美国、俄罗斯、日本七个国家或地区占对外投资总额的75%，这说明我国对外投资的发展空间和潜力巨大。但由于近几年我国经济持续面临下行压力，我国更加谨慎对待贸易和外汇平衡问题并采取了较严格的外汇管理措施，我们虽实现了较好的国际收支平衡，但在海外投资的发展方面也受到了一定的影响。从长远发展角度及参与全球价值链竞争考虑，我们应根据国内外形势的变化，妥善处理好海外投资的发展方向，重点应实施以下四方面策略。

一是高度重视全球生产网络的发展格局，形成中国制造的全球布局，鼓励我国有竞争优势的传统产业有序向境外转移，逐步形成中国制造业主导的海外生产网络基地，延长中国主导的产业链。为企业产业链转移形式的对外投资项目提供相应的便利化支持，为企业资产整合提供法律支撑。同时应加快推动银行、保险、仓储、运输、批发零售业价值链向境外延伸，逐步形成全球配套服务体系。

二是继续加强境外经济合作区建设。提升我国在"一带一路"沿线国家工业园区的发展水平，在"一带一路"沿线有条件的地区建立境外经济合作示范区。加大边境经济合作区的发展，赋予边境省区更为积极灵活的便利化措施，推动边境经济合作区发展成为集边境贸易、加工制造、境外资源合作开发与深度加工、生产服务以及区域性物流集散等多功能于一体的综合性产业合作区，发挥好边境合作区在带动边区经济贸易发展方面的积极作用。

三是创造条件促进商贸流通企业扩大海外投资。在海外投资的发展方面，目前我国的高端制造业还不具备全球布局和掌控生产网络的能力，因为现阶段我们的高新技术产业基本还停留在为国际跨国公司配套生产的阶段，但我们在劳动密集型产业和商贸物流产业中已基本形成了海外投资的能力，所以要积极推动国内金融及商贸流通企业的服务业到国外设点。鼓励产销一体化的企业在国外设立特色批发市场，建立营销网络和配送中心，培育中国的商贸流通跨国企业。

四是巩固海外主要市场商业存在的竞争力。随着我国海外投资的快速发展，海外市场的服务继续加强，目前我们虽已在主要投资国建立了投资企业协会，用以维护中国企业的海外投资权益，但其服务功能还不够专业，应支持国内的贸易促进机构和投资促进机构积极在海外的主要市场布点，并提供贸易投资咨询和服务。继续改善海外投资并购便利化服务，提供海关、税务、银行、外汇管理方面的便捷措施，鼓励企业扩大海外投资领域。加强海外经营队伍培训，提高海外经营的能力和水平，使其在投资东道国形成一定的影响力，同时要加强风险防范研究，树立我国企业在海外的良好形象。

六、全面加强国际经济合作，建立广泛的国际经济合作伙伴

随着国际经济贸易形势的复杂变化，国际竞争格局正在发生新的演变，欧美社会长期主导国际事务的局面已显得力不从心，以中国为首的广大发展中国家的群体性崛起已成为当今世界不可阻挡的潮流，国际经济合作已成为当前大国争夺势力范围的主要象征。我们要分清主次，有选择的实现重点突破，要按照周边是首要，大国是关键，发展中国家是基础的原则，有序拓展国际合作的新局面。一要抓紧有利时机突破中日合作的新局面，创造条件尽快签署RCEP协议，在中美关系短期内难以全面修复的前提下，要下大力气突破中欧合作的障碍，争取早日完成中欧投资协定谈判，创造条件争取早日签署中欧自贸协定。二要继续巩固和加强"一带一路"建设，积极扩大同广大发展中国家的贸易投资合作，拓展我国外向型经济发展的新空间，实现互利共赢的发展模式。同时还要采取有力措施寻求突破中国和海湾合作组织自贸协定谈判，此外要继续研究关注CPTPP的发展情况，在条件成熟的情况下，可以考虑参与其发展进程或加入的问题。

第二部分
重构与趋势

第五章
当前供应链对我国企业潜在的影响

第一节　全球供应链与世界贸易组织

一、全球供应链的概念

早期的观点认为,供应链是制造企业的一个内部过程,指把从企业外部采购的原材料和零部件,通过生产、加工、转换和销售等活动,再传递到分销商和用户的一个过程,实质是指企业内部的供应链。如果供应链在某一国国内建立,而且所有节点企业都是国内企业,那么,该供应链就该被称为国内供应链。如果该供应链越过国界,包含的节点企业属于不同国家或者位于不同国家,那么,这条供应链就被称为跨国供应链或全球供应链。

二、新冠肺炎疫情对全球供应链经济造成的影响

新冠肺炎疫情大流行对全球经贸与供应链造成了前所未有的威胁,WTO作为当代最为重要的国际经贸组织,主张应通过及时、准确的信息共享,供世界各国作出相关贸易决策以应对疫情。整体而

言，WTO为应对此次突发疫情采取措施，包含由秘书处主动搜集各国应对疫情所采取的贸易措施，并针对新冠肺炎疫情与世界贸易的影响与分析提出多项研究报告，供WTO各会员参考。同时，WTO会员依据WTO协定，主动向WTO通知其所采取的防疫措施，并在WTO架构下提出新冠肺炎疫情相关倡议与声明，以推动并促进国际社会形成应对疫情的共通做法与共识。

为促使各国政府与公众了解新冠肺炎疫情对全球经贸议题的影响，WTO秘书处迄今已针对医疗用品的贸易、透明化、出口禁令与限制、电子商务、标准与法规、服务贸易、协助中小型企业等多项议题进行分析，并以"信息说明"形式公开研究报告，以供各国政府与公众知悉当前经贸现状并提供建议。另一方面，WTO秘书处主动搜集追踪WTO会员应对疫情所实行的贸易与贸易相关措施，主要包含货物、服务贸易与知识产权措施三大类。目前经秘书处登记的货物措施已有243项（2020年9月18日止）、服务措施有94项（2020年9月25日止），知识产权措施则有55项（2020年9月22日止）。

为减少疫情所导致全球经贸与供应链中断的风险，WTO前任秘书长阿兹维多于2020年3月25日呼吁世界各国应提出全球解决方案。对此，二十国集团（G20）领袖率先于2020年3月26日发布声明呼应阿兹维多的诉求，同意持续开放市场以维持新冠肺炎疫情关键商品与设备、重要农产品、其他必要商品与服务的自由流通。其他WTO会员也提出相关重要倡议与声明，同意提升关键商品的跨境移动。例如APEC贸易部长也在2020年7月25日公布声明，将促进关键商品、服务的流通与自然人必要的跨境移动。

由上述WTO会员之声明与倡议可知，WTO会员间对于消除新冠肺炎疫情关键商品与服务的贸易限制措施已逐步形成共识，且此情形亦可由 WTO 所作统计获得证实。依据 WTO 公布的"贸易监控报告",在 2019 年 10 月中至 2020 年 5 月中期间,WTO 会员与观察员共执行 363 项贸易与贸易相关措施,其中 256 项措施为新冠肺炎疫情应对措施,分别是 147 项贸易促进措施与 109 项贸易限制措施。与此同时,WTO 资料进一步显示 WTO 会员采取贸易措施的趋势与转变。在疫情暴发初期,WTO 会员与观察员以采取贸易限制措施为主,特别是出口限制措施。但此现象到 2020 年 5 月中期已发生变化,WTO 会员改为以采取贸易促进措施为主,且有将近 28% 的贸易限制措施已被 WTO 会员或观察员予以撤销。

归纳而言,WTO 会员间为应对新冠肺炎疫情,承诺持续开放市场以确保全球供应链的正常运作,并保持关键商品与服务的顺畅流通。由于我国当前在防疫与生产医疗关键商品均表现亮眼,故在后疫情时期我国如何权衡市场开放与防疫措施间的关系,并继续维持经济增长动能,将是我国政府的首要任务之一。

第二节 美国对华制裁政策对我国企业供应链的影响

一、美国对华制裁政策

随着美国对华制裁政策自 2018 年 3 月起对全球实施钢铝税后,并自 2018 年 7 月份起对首批 340 亿美元商品开始相互加征关税,其后更衍生一连串对华加征关税行为,再加上美国针对特定中国企业的科技战发酵,使得过去几年以来中美情势始终紧绷,亦迫使在华供应商为规避风险,纷纷外移,带动了新一波全球产业供应链的移转风潮。贸易摩擦发生迄今已有数年，相关冲击影响渐已显现，对于我国深层的结构改革和国有企业本质虽难有动摇，但对于民营企业和跨国性外资企业却确实造成了经营上的压力和冲击，其中又以出口型民营企业和外资企业为甚，加征关税所带来的营运成本上升，迫使其不得不通过产能移转、另寻市场等方式，来冲抵加征关税等相关成本。

二、美国及其盟友寻求打造新型全球供应链

中美贸易摩擦及新冠肺炎疫情后，各国意识到与盟友及伙伴合作共同打造信赖及韧性供应链的重要性，单靠一国的力量，难以确保关键技术供应链的安全。欧美地区以美国力推的"经济繁荣网络"为代表，美国希望在互惠的基础下，能建立可信赖的全球新型供应链。拜登政府从确保国家安全、经济安全、产业安全角度出发，于2021年2月24日签署第14017号行政命令，要求100天内提出半导体制造和先进封装、高容量电池（含电动车电池）、关键矿物和战略原材料（含稀土元素）、药品和原料药及应对疫情所需的关键物品（含个人防护装备）等四份供应链审查报告。一年内提出国防产业、公共卫生和生物防备产业、信息与通信技术产业关键部门及次部门、能源部门产业、运输产业、农产品和食品生产等六份供应链评估报告。上述报告皆需详述美国对中国供应的风险评估内容及预计如何和盟国及伙伴合作的方法。

白宫于2021年6月8日公布半导体、高容量电池、关键矿物和材料、药品和原料药等四项关键供应链的百日审查报告，对美国政府提出六大类的建议，包括：1. 重建美国制造及创新能力；2. 支持有利投资劳动力、重视可持续及平等的市场发展；3. 发挥政府作为

关键产品采购者与投资者的作用；4. 强化国际贸易规则及执法机制，成立"供应链贸易突击工作组"应对不公平贸易行为；5. 与盟友及伙伴合作，减少全球供应链中的脆弱点；6. 监控疫后各国重新开放后的短期供应链中断情况。值得注意的是，百日审查报告并没有完全将中国排除在美国供应链以外的意图，许多美国智库报告亦认为这种做法不切实际，因此拜登政府的做法将是通过自主发展或是邀请合作伙伴赴美投资以掌控供应链关键环节，厘清中国供应风险，并通过增加供应来源的多元化提高供应链的韧性。

欧盟于 2020 年提出"开放性战略自主"政策，并于 2021 年 5 月 5 日公布《欧盟的战略依赖与能力》报告，针对关键原材料、医药原料、锂电池、氢能、半导体、云和边缘计算等六大领域进行深入盘查，从而进一步了解战略依赖的起源及其影响，并提出相应措施以解决欧盟战略依赖的问题。欧盟希望能够与亚太国家建立稳定的韧性供应链合作伙伴关系，其中开放、可持续等都是欧盟的关切重点。欧盟会思考不同供应链的合作风险，从中找出合适的合作方式，并希望所有供应链相关业者都能够符合欧盟对于社会与环境的标准。

亚太国家中以日本最为积极，不仅提出"新冠肺炎疫情紧急经济对策"，提供资金协助日商返回日本或迁移至东盟国家与印度，也与东盟研制"东盟—日本经济韧性行动计划"，以强化经济韧性、维持东盟及日本紧密的经贸联结为主轴，希望能借此降低疫情对经济的负面影响。此外，为对抗中国，降低依赖中国供应链的风险，并达成印太地区供应链多元化目标，日本发表的"供应链韧性倡议"亦获得印度及澳大利亚支持。三国同时呼吁其他国家共同参加此倡议。

三、我国的应对举措

就中国而言，面对全球国际经贸环境快速变化，以及国际供应链风险攀升，中国身为全球供应链体系的重要一环，可以扮演全球企业在打造安全、韧性、信赖供应链时的重要伙伴，协助全球企业不受断供、断链威胁，满足对生产安全的需求。事实上，中国才是推动供应链自主的先驱。"中国制造2025"所推动的十大领域产业的发展指导原则就是掌握重点领域关键技术，提高创新能力，并制定出关键基础材料实现"自主保障，受制于人的局面逐步缓解"的目标。中国"十四五"期间除了继续推动"中国制造2025"外，更要以"新型举国体制"攻克关键核心技术，将资源聚焦在第三代半导体等核心零部件、关键基础材料、先进基础工艺，以及产业技术基础等"卡脖子"领域。

要确保跨国企业在中国下单生产没有断货风险，首要是提高国内生产的能力与韧性，而这包括几个重要的策略做法。

一是提高本土供应的自主性，通过本地投资或是吸引外商投资弥补产业及供应链缺口，以及增加国内生产的备载能量。

二是企业通过海外据点产能调配与营运模式调整，提升本身的5R能力，即耐受能力（Robustness）、备载能力（Redundancy）、弹性调适能力（Resourcefulness）、实时回应能力（Response）、恢复能力（Recovery），来应对突发的意外事件。

三是完善基础建设，加速法规、制度国际接轨，优化投资环境；建立信息和通信技术（ICT）、5G、机械等各类产品的信息安全认证体系和监测系统，与国际接轨，确保我国生产的产品满足国际对信息安全的要求。

四是通过国际合作，多元化供应来源。在资源及产能有限的情况下，应善用周边国家的供应能量，重塑东亚地区生产网络与链接，确保重要工业生产原料和零部件的第二生产基地或供货来源。

五是厘定韧性供应链下的产业发展政策，特别是针对攸关全球下一世代产业变革及可能翻转我国产业发展的重点领域，如半导体、5G及新能源汽车等。全球供应链发生巨大变革，给我国一个全球供应链关键地位再攀升的机会。对于已具高度竞争力的5G而言，在各国施政与地缘政治对5G产业干预的增加下，我国企业被迫扩大海外布局以满足国际客户对供应链韧性的期待，此举不仅将影响上下游业者布局，也将重塑我国与各国5G技术的竞合关系。政府实有必要通盘考量5G、新能源汽车未来在产业结构中扮演的角色，通过政策资源因势利导，使上述产业成为有助于我国创新应用产业发展的活化剂。基于此，政府必须明确发展方向，慎选深耕，集中资源来强化优势，才有机会在全球供应链中掌握关键一环。

针对以欧美为首的供应链转移施策，我国须未雨绸缪，在做好本身工作的同时，加大对欧美相关政策的研究，未来可以中国为轴心，凭借"一带一路"愿景及RCEP协定等平台优势，实施多层级进口替代战略，构建与中国理念相近的伙伴供应链体系，以防范欧美供应链断裂时带来的风险。

第六章
全球供应链重构趋势

过去40年以来，以美国为首的工业化国家通过制造业外移、外包等模式，追求生产效率、生产成本及其他利润极大化，并建立了全球供应链体系。过去五年因中美两国在贸易、科技领域对抗台面化，加上2020年新冠肺炎疫情暴发，各国习以为常的供应链分工模式逐渐转变。这种"改变现状"的趋势背后主要动力，除了因疫情暴发造成企业重视通过分散及多元化提高供应链韧性外，也来自美国不再将中国这个"世界工厂"（亦即全球供应链汇集地）视为战略伙伴，而是战略对手。因而从竞争及安全角度观察，目前供应链集中于"对手"以及其他特定国家的结构便必须予以改变，以确保竞争优势以及经济安全。如上所述，除美国外，欧盟、日本、印度、澳大利亚等国家和地区亦出现类似政策思维的转变。在此背景下，全球供应链重组的趋势已然明显。归纳目前推动重组的五股力量，分别是美中贸易摩擦、美国科技出口管制、美国关键供应链回流政策、欧盟关键供应链回流政策，以及"中国制造2025"与"十四五"政策下的自主创新、自主保障政策。这五股力量对于供应链重组各自形成不同的影响及压力。

第一节　东亚及全球供应链的基本状况

一、全球经济分布基本格局

当前全球经济格局总体上是北美、欧洲和东亚三足鼎立。2019年北美三国（美国21.37万亿，加拿大1.74万亿，墨西哥1.26万亿）GDP为24.33万亿美元；欧盟28国GDP为18.41万亿美元，而东亚（中国14.36万亿、日本5.08万亿、韩国1.64万亿）合计为21.08万亿美元。近年来，欧盟与美国之间的差距在逐渐扩大，而东亚则相对美国呈现赶超态势。

从2020年世界500强企业的分布来看，中国有133家，其中大陆（含香港）达到124家，历史上第一次超过美国（121家）。日本53家，韩国14家，东亚地区总共200家，再加上东南亚地区3家，总数达到203家。而北美地区是美国121家，加上加拿大（13家）和墨西哥（4家），总数为138家。欧盟所有成员，加上瑞士，总数是131家。东亚地区世界500强的数量明显领先于其他地区，这在一定程度上反映了东亚地区在产业体系方面的综合优势。当然，东亚在金融及科技创新方面与美国相比还存在一定的差距。

二、东亚地区与美国贸易状况

长期以来，东亚对外贸易总体上存在较大盈余。美国与东亚地区贸易逆差额占比较大，常常达到40%~50%的水平，其中1992年的比重曾达到72.6%。从20世纪90年代开始，在东亚逐渐形成了以中国为加工组装中心的供应链体系，即中国大陆从日本、韩国和中国台湾地区等地进口资本、技术密集度较高的中间品，从东盟国家进口资本、技术密集度较低的零部件，加工组装之后把最终制成品出口到以美国为主的发达国家的"三角贸易"模式。受惠于这一模式，自1993年起，中国对美国贸易由逆差转为顺差。近年来，中国经常有60%以上的进出口盈余来自美国，美国40%左右的逆差也来自中国。

"三角贸易"反映了东亚内部分工合作，作为一个整体与外部发生贸易关系，中国代表整个东亚向美国等发达国家出口，中美贸易在相当大程度上反映了"东亚—美国"贸易的总体格局。

三、贸易摩擦加强了中国在供应链上的地位

受贸易摩擦影响，中国作为东亚的组装中心地位有所动摇，但是在全球价值链上的地位则进一步提升。中国在供应链上的地位由下游向上游攀升。贸易摩擦之后，中国在高科技产业方面的投资巨大。2018年以来，美国对华进口商品征税清单中，高科技产品是其重点打击对象。受其压力，2018年我国制造业转型升级力度明显加强，2017、2018和2019这三年我国电子信息制造业产业转型升级指数分别为101.17、105.47和119.12，提升非常迅速。当前，中国70%以上的半导体需求已经有了稳定的非美国替代供应商。预计到2025年，中国本地设计的半导体能够满足其国内需求的25%至40%，这是目前水平的两倍多。在制造方面，中国计划在未来五年内将其装机容量翻一番，产能的大规模扩张可能会在2023年之前使中国大陆成为全球最大的半导体输出地区。预计中国公司将占这一新增国内产能的60%，其余的由在中国的外国公司提供。

四、中国在贸易摩擦中保护了东亚的发展

中国是东亚地区的产业链中心,中美贸易反映了整个东亚的利益。美国对中国发动贸易摩擦不仅仅针对中国,也是针对整个东亚。中国在贸易摩擦中的稳定发展,保护了整个东亚的经济发展。

中美贸易摩擦爆发以来,有观点认为中国的企业将会大规模向外转移,导致中国产业的空心化。目前看来,中国企业向外转移是事实,但并不会导致中国产业空心化,只会加强中国与东亚(包括东南亚)经济的相互融合程度。东南亚各国的产业是中国经济的"溢出",而非替代。在经济深度转型的推动下,中国正在逐渐摆脱处于全球价值链低端的"世界组装工厂"的角色,开始成为东亚地区具有更高附加值的产品制造中心和新的消费中心,推动东亚地区经济朝着一种内需与外需均衡、生产与消费协调的方向转型,最终实现东亚经济的再平衡增长。

贸易摩擦的压力之下,部分原来从中国向美国出口的商品,转从其他国家与地区向美国出口。2018年和2019年,美国自东盟的进口分别增长了9.4%和11.6%。中国与东盟之间的经济融合加速发展。2019年12月26日,东盟秘书处发布年度《东盟融合报告》指出,东盟以3万亿美元的体量跃升为全球第五大经济体,较4年前上升两位。东盟对外贸易规模达2.8万亿美元,较2015年增长了23.9%;吸引外国直接投资规模达1547亿美元,较2015年增长了30.4%,并创下历史最高纪录。2020年上半年,中国对东盟投资达到62.3亿美元,同比增长53.1%;东盟对华实际投入外资金额同比增长5.9%。2020年1—8月,中国与东盟贸易总值达到4165.5亿美元,同比增长3.8%,占中国外贸总值的14.6%。东盟历史性地成为中国第一大

贸易伙伴，形成了中国与东盟互为第一大贸易伙伴的良好格局。

中国不仅在出口方面表现突出，在进口方面也为全球经济稳定做出了突出的贡献。世贸组织预计2020年全球货物贸易量将下降9.2%。2020年上半年亚洲区域内贸易同比下降了6%，但中国从亚洲其他国家的进口仅下降了1%。在相当程度上是中国支持了亚洲区域内的贸易。因为中国挡住了美国的贸易摩擦压力，促进了东亚内部产业链的融合和经济增长。

第二节 全球供应链重组趋势

2017年特朗普担任美国总统后，中美关系剧变，并自2018年下半年启动关税战，除了对在中国及美国生产的企业、本地消费者及中美两国经贸表现产生直接影响外，也波及世界其他国家，造成全球经济增长趋缓，并促使全球跨国企业生产基地移转，改变国际产业供应链布局。

除了关税战外，中美还涉及更为复杂的科技之争。也因此，美国企图从经济、贸易、技术及供应链等各种层面上与中国进行脱钩，降低对中国的依赖，同时避免被中国超越，最典型的案例即是禁止芯片制造业者将由美国半导体设备、软件及技术生产的芯片售予华为，企图完全阻绝中国科技业者通过第三方渠道间接取得美国半导体技术及产品。

除了中美贸易摩擦外，2020年初新冠肺炎疫情对全球供给面及需求面皆造成严重冲击，并导致全球供应链断供等较中美贸易摩擦更为混乱的局面。从供给面来看，中国、东南亚等主要生产基地先后因疫情严峻停工、停产，以及之后全球航运缺柜、塞港等情况，导致全球断料断供，部分企业因防护设备不足无法进行安全生产，或因缺料而被迫停产。就需求面来看，全球各国陆续采取锁国、封城或居家办公，重创消费需求及经济增长，许多百年老店也不堪亏损，应声而倒。

新冠肺炎疫情与中美角力的交乘效果，以及近年各国对节能减排的重视，如中国因缺电而采取"能耗双控"强制限电措施，导致企业停产、限产等，对全球供应链进行了前所未见的压力测试，并显现出当前全球供应链在各个环节的弱点，使产业甚至国家暴露于危险之中，迫使各国政府及企业重新思考提升产业及企业供应链韧性的策略与做法。

中美经济对抗长期化及新冠肺炎疫情在各地蔓延，各国政府及企业更加意识到过度依赖单一供应链对国家安全可能产生的风险，加速供应链回流或"去中心化"。对政府而言，除了高科技产品及技术受制于人可能会危及国家安全与资本安全外，低成本的产品，如口罩、药品原料过度依赖中国等单一国家供应也可能危及国家安全。对企业而言更是如此，高度依赖单一生产及原料供应商，将产生供应链风险，影响生产稳定性。

基于此，全球供应链将在下面几个原则下进一步进行调整，以强化韧性，包括："分散原则"，即避免供应来源集中于单一企业、单一国家、单一地区；"短链原则"，即要避免长途运输可能产生的风险；"数字原则"，即要通过数字化工具减少物流中人与人的接触；"信赖原则"，在产业安全的重要性日益提高下，国家因素成为供应链伙伴的重要考量。一个可以信赖的供应伙伴应建立在一个可以信赖的友善国家的前提下。

全球产业供应链在中美贸易摩擦及疫情之后出现如下趋势。

一、回流及打造自主供应体系

中美贸易摩擦下,在投资环境熟悉度、满足供应链或技术条件、母国政策引导或母国本身为其主要市场(如母国为美国)的考量下,有些企业选择回母国投资。

中美科技摩擦、日韩贸易纠纷及新冠肺炎疫情让企业意识到关键技术及原料自主可控的重要性,特别是攸关国家安全与产业竞争力的关键技术与原材料及与人民生命安全与健康相关的医疗产业,将呈现战略化发展,自原先高效分工的全球供应体系,分裂为众多以本土市场为主的小型供应体系。各国纷纷自建医药与医材产品国内生产能力,如欧盟研制欧洲医药战略,将加速医药及医材本地生产;美国研拟将医疗供应链从海外移回美国本土,以解决美国对外国医疗供应依赖的问题;日本则针对生产口罩、酒精消毒液、防护服、呼吸器、人工肺等重要产品的日本国内生产厂家及高度依赖国外进口的医药品、原料药等的国内生产厂家,给予生产设备整备补助,以提高自主供应能力。除此之外,全球芯片缺货凸显半导体重要性及半导体区域生产过度集中可能造成的供应链风险,不论美国、欧盟、日本、韩国、中国,皆意在提高半导体材料、设备、制造等的自主性。

制造回流主要是以高科技密集或是具有关键战略意义、攸关国家安全的技术、产品及产业为主。对制造回流的先进国家而言,可能需面对完备生产条件的挑战。而发展中国家所面临的挑战则主要是打入全球高阶价值链体系的机会减少,不利于技术提升与产业发展。

二、分散化或区域化生产

中美贸易摩擦后，只在中国生产、出口美国的企业纷纷另寻第二生产基地，打造"China+1"的布局模式，把要输往美国市场的产品，由中国以外地区出货；供中国内需或是非美国市场者，则仍维持由中国生产。采用这种"China+1"布局模式的企业大部分是为了规避美国的301惩罚性关税，但对于通讯品牌厂而言，尚有要降低中美经济对抗政治风险的目的。以苹果公司供应链为例，其将手机生产供应链按"中国市场"及"美国市场"分流，若产品主要是要在中国市场销售，将由中国企业本地生产；若产品以出口美国为主，将由中国台商企业在中国大陆以外地区生产。针对在中国市场以外销售的智能手机，苹果公司将生产重心改为越南及印度，这也使得鸿海、纬创及和硕纷纷加码投资越南及印度。苹果公司供应链的调整反映出新的供应链布局思维，即由本地企业、本地生产、本地销售的思维。未来这种思维亦可能被其他政府所采用，以要求跨国企业本地生产。

新冠肺炎疫情凸显生产集中一地及远距运送的风险，因此上述的"China+1"布局模式可能不足以让跨国企业有效降低断供的风险，因此，有些企业可能会更进一步采取邻近消费市场的分散式布局模式。不过，如果布局过于分散就可能会面临规模不经济、成本过高的问题。因此，权衡效率极高与风险极小的情况下，跨国企业可能采用区域化布局的方式，形成上（游）长下（游）短的供应链模式。通过区域营运中心的统一采购、实时数据分析及供应链管理，可以有效降低供应链成本，同时达到分散风险的目的。

第三节　大国竞争对供应链变革的影响

有别于特朗普政府的围堵中国策略，2021年1月上任的拜登政府的对中策略改为与中国"竞争性共存"策略。所谓共存是指接受两国相互竞争之事实，并力求竞争结果对美国有利，而非将竞争视为要消除的问题。拜登政府的整体策略，系追求在所有竞争层面上美国占上风，亦即如维护美国经济安全、维持高科技领先等层面上。拜登政府已表明将用"所有可行的手段"对付中国有损美国劳工的强制性与不公平的贸易行为，但在全球暖化、能源等议题则不排除有合作的可能。

自拜登就任后，竞争性共存成为拜登政府对中国政策的主轴。2021年3月3日，美国白宫公布"国家安全战略暂行纲领"，将中国定位为"唯一具备综合实力（经济、外交、军事、科技能力）挑战美国所建立的国际体制"的竞争对手。该报告列举中国对美国的各方面的威胁，并将确保美国在对中国之"战略性竞争"中得以胜出作为拜登政府国家安全之重点目标。随后美国参议院外交委员会又于同年4月21日通过《2021年战略竞争法》草案提交审查。该草案显然是为了呼应上述暂行国家安全纲领将美中界定为战略性竞争关系的定位，通过本法提供法源及预算基础。本法初步归纳了美国要从事全方面较量的领域。在经贸领域，该法编列预算在各地美国使馆聘任专业顾问，协助美国公司移转供应链并寻找合适的落脚点。其次也授权美国政府加大协助盟国基建发展的力度，同时在数字贸易及科技领域，要求美国政府跟"五眼联盟"洽签数字贸易协定，组成数字贸易联盟，更要全力落实特朗普时代就推动的数字连接及网络安全伙伴计划。

美、欧以"战略性竞争"及经济安全为由推动其关键供应链变革,并以"经济繁荣网络"为名推动建立替代性供应链。拜登总统上任后,在前述"战略性竞争"思维指导下更加重视关键供应链的韧性与安全问题,同时亦有意借供应链改造的机会创造就业,遂于2021年2月24日颁布《美国供应链行政命令》。其内容包括两大部分:其一,优先检讨半导体及先进封装、高容量电池(含电动车电池)、关键矿产及战略物资(含稀土)、药品及原料药等四项关键产品供应链中的漏洞与风险,并于该命令发布后百日内提交相关审查报告及改进建议;其二,该命令要求联邦政府审查国防工业、公共卫生、通讯科技、能源、运输、农业等六大重要行业之供应链,评估各行业可能遭遇之风险及提出强化供应链韧性的具体行动,并将于一年内提出相关评估报告。事实上,由于半导体短缺问题,美国已经先行启动有关半导体供应链回流的计划,并在2021年3月底公布"美国就业计划"2.2兆美元的预算规划中,支出500亿美元作为推动半导体供应链回流之预算基础。

值得注意的是不仅美国,欧盟在2019年3月发表之《欧盟—中国战略展望》文件中,也指出对欧盟而言中国既是谈判伙伴,也是经济竞争及制度的敌手。2021年5月公布的"欧盟产业政策更新版"进一步指出欧盟的关键物资目前过于集中在中国、越南等地,对欧盟形成风险,故未来将通过如"欧盟共同利益重要计划"推动包括半导体、重要原物料、原料药、电池、下世代云端、氢能在内的六项战略领域产品(未来会继续扩大)在欧盟境内进行创新研发及生产的政策。若与前述"欧盟产业政策更新版"合并观察,欧盟亦将开始推动供应链分散及回流政策。

第七章
全球供应链重组情况

第一节　美国

　　新冠肺炎疫情的全球大流行暴露出各国医疗用品产业链布局单一化问题，并进一步凸显供应链间复杂且高度联结的关系，加速美国及其他国家全球供应链布局的调整及重构。疫情期间美国供应链调整策略整体上可分成供应链回流与重组两个层面，前者主要是将医疗卫生等关键物资供应链移回美国，后者则是借机寻找中国以外的信赖伙伴国重新形成新的供应链关系。

　　显然美国不满意贸易摩擦压力下供应链调整的速度，因而决定通过国家力量加大协助力度。2021年《战略竞争法》草案第一部分，就是规定政府应编列每年至少1 500万美元的预算，由各地使馆聘请专业顾问，提供在中国境内有供应链的美国企业咨询服务，服务重点包含退出中国市场策略、将部分生产线移出中国等策略以及寻找"去中化"的原材料供应商，提供各国市场信息以及各国伙伴引介对接。此外，咨询顾问专家应接受各地使馆馆长直接指挥监督，使

"供应链去中移转"成为各地使馆的优先推动事务。这种加速供应链自中国移转的机制,无疑是要加速改变基于比较优势的分工结果。美国的思维反映出全球供应链高度集中在中国的现状,本身就是以人为力量扭曲比较优势的结果,已经形成国家安全威胁。

美国在制造业供应链重新布局的中心思想为重振制造业(特别是新兴制造业),采取的政策做法可分为:"再工业化策略"及"推动制造业回流措施"两个方面。奥巴马及特朗普两任政府时期,"再工业化"政策便已成为其重要的科技发展政策,主要思维是投入未来新兴制造业所需的先进技术研发,以巩固美国制造业的实体经济竞争力。

拜登政府《美国供应链行政命令》第一项又明确指出具韧性、差异与安全可靠的供应链是维护美国经济繁荣与国家安全的重要政策,欧盟的思维也大致相同。美、欧同时开始提高经济安全风险管控的重要性,而目前经济安全的关切重点在于上述所谓关键产品、供应链的来源与供应商集中度所造成的安全风险,其中又以半导体最受注目。美欧政策转向鼓励全球半导体制造商回美国或欧盟设厂,已成定局。但是美欧也将高容量电池、关键矿产及战略物资(含稀土)、原料药等纳入关键产业范围。

一、美国半导体供应链重构

根据美国商务部分析,半导体(以下也称为晶圆或芯片)供应链主要涉及的供应链包含五个阶段,分别是半导体设计、晶圆制造、封装测试(ATP)及先进封装、半导体材料及生产设备(SME)。美国半导体协会(SIA)统计研究指出,2020年全球半导体销售总额约为4 260亿美元,2021年为4 520亿。从各国半导体企业市场占有率来看，2019年的前六名分别是美国（47%）、韩国（19%）、日本（10%）、欧盟（10%）、中国台湾地区（6%）以及中国大陆（5%）。

若由商业模式观察，美国2019年在全球各类型市场的市场占有率分别是垂直整合制造（Integrated Device Manufacture，IDM，意指从设计、制造、封装测试到销售自有品牌都一手包办的半导体垂直整合型公司）模式为51%、无工厂芯片供应商或无晶圆厂（Fabless）模式为65%、晶圆代工厂（Foundry）为10%、设备市场为40%，以及委外封测公司（Outsourced Assembly and Test companies，OSATs）则为15%。

二、供应链分布情况

由半导体供应链来看，美国虽然在设计、IDM、设备及材料阶段仍保有优势，但优势正在逐渐流失，同时半导体生产制造阶段则面对最大的威胁挑战。

美国半导体设计生态系统强大且世界领先，但问题在于销售市场高度依赖中国。美国仍主导半导体材料及设备，但因种类繁多，仍有部分掌握在其他国家手中。此外，由于美国国内半导体制造者有限，因而设备制造商严重依赖海外（亚洲）市场。此外，美国在第三代半导体氮化镓（GaN）及碳化硅（SiC）材料有领先优势，但同样面对部分原料过度集中在东亚地理区位之风险。至于制造部分，美国半导体制造在20世纪90年代的产能占全球37%，至2018年只剩12%。反之，2019年中国台湾地区占全球半导体生产装机容量的20%，紧随其后的是韩国19%、日本17%、中国大陆16%及欧洲9%。

进一步来看，在逻辑半导体、存储半导体（存储器）和类比半导体等三种最主要半导体类型中，以逻辑半导体最为重要。2020年逻辑半导体约占整体半导体市场总营收的 42%，存储半导体约占 26%，而类比半导体约占 14%，其余市场由分离、光电等非集成电路半导体组成。虽然美国在分离、类比与光电元件的产量中仍有 30% 的占有率，但在逻辑半导体和存储器则分别仅有 12% 与 4%，两者皆是目前各种主要电子产品如手机、计算机所必须之关键零件。最后，在生产技术方面，目前全球能生产 10nm 以下的先进节点的公司仅有三家，即台积电、三星与美国英特尔，台积电更是在尖端节点，如 5nm 及 7nm 产能的唯一生产者。

三、美国半导体产业的风险考量

半导体是所有技术产品及先进军事系统的基础，不但是消费者日常生活中不可或缺的部分，亦与能源、公共卫生、农业、消费电子、制造业、交通及国防有关。美国为半导体生产的全球领先国家，迄今美国半导体产业的收益仍占全球半导体收益近五成，但数十年来半导体的制造均外包或移至海外，导致美国本土半导体制造能力的份额大幅下降。美国除缺乏制造最先进技术之能力外，无晶圆厂半导体公司亦高度依赖进口。

（一）地理区位集中度风险

SIA 于 2021 年 4 月发表的研究报告指出中国台湾地区（20%）、中国大陆（16%）、韩国（19%）与日本（17%）占了全球近四分之三的半导体产能。以先进逻辑芯片为例，美国及其盟友均高度仰赖产能占全球 92% 的中国台湾地区，至于成熟制程逻辑芯片，美国制造也仅占全球 6% 至 9%，故存在"地理区位高度集中"的问题。美国对进口芯片的依赖使其在关键半导体供应链中形成新的弱点，产能的丧失威胁其在半导体供应链的各环节及长期的经济竞争力。

（二）顾客集中度风险

美国设计、材料及半导体设备企业的海外营收及客户有过度集中于中国的问题。在地缘政治因素下，美国对中国实施的出口管制限制以及中国本土半导体产业政策等，对此类美国企业境外收入有直接且显著的影响。

（三）其他风险因子

除了过度集中带来的供应链脆弱及中断（包含天灾及恶意中断）风险外，美国半导体供应链的其他风险因子还包括：半导体过时及技术世代落后导致持续盈利能力受限问题、电子生产网络效应、人力资本缺口及知识产权被窃取等。其中电子生产网络效应部分系指"网络群聚效应"，亦即电子产品及半导体生产受益于所谓的"制造集群"效应。由于世界最大的电子产品客户多数在中国，因此各国（包括美国）半导体公司有动力在中国邻近地区建立据点，而此一聚落结构又进一步强化了与中国建立半导体供应链关系的吸引力。

美国表示拟采用几项做法来保护其技术优势，其一是积极投资国内的生产与研发，以发展本土半导体生态系；其二拟通过激励措施、人才培养、信息透明化及与盟友合作等措施，促进企业投资及重新提升半导体制造能力。具体而言，美国的对策可分为短期及长期两种。

四、短期短缺问题

美国将推动加强与产业的伙伴关系，并促进半导体制造商、供应商及终端使用者之间的信息流动。另外，美国商务部会邀集所有利害相关人，共同推动并提高透明度及数据共享。

拜登政府将在近期与日韩成功合作的基础上（例如韩国高科技企业宣布对美半导体投资逾 170 亿美元），加强与盟友与合作伙伴的接洽，以促成公平分配半导体芯片、增加生产并促进投资等。又如台积电（TSMC）到亚利桑那州设厂，除了设置 5nm 每月 2 万片产能，并可达到雇用 1 600 名员工的效益。

五、长期发展对策

长期而言，审查报告指出美国应建立具有韧性及竞争力的半导体供应链。美国的战略必须包含采用防御行动来保护其技术优势，另一方面亦须积极投资国内的生产与研发。美国应发展成生态系，其中包含发展其创新产业以及创造高新半导体就业发展蓝图。最后，美国应与伙伴及盟邦合作以促进全球的韧性。

美国将从以下几方面重建美国制造及创新能力，包括：增加在美国半导体投资，如建议国会至少提供 500 亿美元，投资美国本土半导体生产及研发；通过研发来维持与确保美国领先地位；与美国已有"科学及技术合作协定"的国家（如欧盟等）探讨研发合作。

美国政府将引导建立跨国半导体"企业与产业间的伙伴"关系。

六、《美国制造芯片法》主要内涵

美国国会自 2020 年起陆续推动立法，以期能创造吸引半导体制造业回流与投资研发的诱因，相关法案包括《建立有效奖励美国半导体生产法案》和《美国半导体晶圆厂法》，后来两案已合并在《2021 财政年度国防授权法》之中，经参众两院通过并于 2021 年 1 月 2 日正式成为法律，但仍需独立预算拨款程序以落实法案要求。合并后法案对美国半导体产业的重点政策或措施，主要包括以下几点。

（一）建立与执行半导体激励措施

美国商务部针对符合资格的公司或集团的个别计划，提供原则上不超过 30 亿美元的财政补贴。其条件包括：申请项目可显著地大幅提升国内半导体供应比例、满足国家安全需求；补贴资金需用于投资半导体制造、装配、测试、先进封装或研究和发展的设施和设备，以及支援前述活动所需的劳动力发展和场地开发与更新等。

（二）要求国防部推动安全微电子学研发

授权国防部与相关机关推动建立公私伙伴关系，鼓励成立公司联盟等，以确保国防部与相关部门开发与制定可衡量的安全微电子学，包括集成电路、逻辑装置、存储器以及支援这些微电子元件的封装和测试方法。

（三）设置"多边半导体安全基金"

授权财政部建立"多边半导体安全基金"，交由国务卿管理运用；并将建立"共同资金提供机制"，用以支持美国与外国伙伴共同合作促进发展及采用可持续安全的半导体及其供应链，以及鼓励外国伙伴能在若干重要议题与美国合作。例如半导体政府补贴的透明化、对不符合透明化的国家采取一致立场、半导体的出口管制或国家安全管理机制、与半导体相关的外资审查机制、针对非市场经济国家半导体发展做法的回应、加强对知识产权保护，等等。

（四）设置研发中心促进国家型先进微电子研究和发展

法案要求增设若干研发机构，以促进先进微电子研究和发展，预计由商务部与国防部合力设置国家半导体技术中心，负责先进半导体技术的研究和原型机开发，该中心拟由能源部和国家科学基金会共同参与。此外，也将由国家科技委员会设置微电子领导力次级委员会，负责制定"国家微电子研究战略"及相关研发。

七、美国半导体产业奖励法案的最新进展

支持前述半导体产业发展法案的预算经费,目前已在参议院有初步进展。参议院多数党领袖舒默等人于 2021 年 4 月 21 日重新提案《2021 年无尽边疆法案》,也为《美国制造芯片法案》的半导体倡议提供相关拨款。但之后拜登政府为了重建美国半导体等本土供应链,也有多项刺激产业经济的投资支援方案。于是 2021 年 5 月 18 日舒默宣布将《2021 年无尽边疆法案》《2021 年战略竞争法案》《2021 年因应中国挑战法案》等法案重新整并为《2021 年美国创新和竞争法案》。其包含七大主题,之前个别草案遂成为《2021 年美国创新和竞争法案》之各单元标题,整并后的规范并未改变原草案内容,因此也包括《美国制造芯片法案》在内。

美国联邦参议院 2021 年 6 月 8 日已通过《2021 年美国创新和竞争法案》,A 篇全名为《芯片法案与 5G 等无线技术应用》,主要是为《国防授权法案》订立提拨预算的法条。例如第 1002 条"建立有效奖励美国半导体生产基金",即预计在五年内提拨 520 亿美元支援半导体产业发展。

第二节 欧盟

一、开放性战略自主政策进程及物件

近年随着美中贸易冲突及新冠肺炎疫情持续升温,加速带动全球供应链的重组潮流,朝去中心化、多元化、区域化及短链化方向发展。欧盟有感于在关键技术领域逐渐落后全球,疫情更加剧欧盟

的战略依存性困境,导致医药品与医疗器材、车用电子等关键产品发生短缺,如何在关键技术与领域上强化战略自主性显得格外重要,"开放性战略自主"(Open Strategic Autonomy,OSA)概念应运而生。

(一)OSA 政策进程

OSA 概念的前身为"战略自主性",多用于安全与外交领域。近年在美中贸易冲突与新冠肺炎疫情影响下,对于战略自主性的重视逐渐应用至贸易与产业面,形成所谓的"开放性战略自主"。尤其在新冠肺炎疫情影响下,欧盟内部和外部市场的需求面与供给面均遭遇巨大冲击,其中部分关键战略产品如医药品、车用电子等因为疫情实施的限制或禁止出口措施,出现全球短缺困境,加剧欧盟的战略依存性困境。

以半导体供应链为例,欧盟在设计面上高度仰赖美国提供的通用设计工具,例如欧盟的电子设计自动化占半导体价值链全球收入的比重为19%、无晶圆厂企业(Fabless)比重仅4%。在制造面上,欧盟高度仰赖亚洲的高阶芯片制造,例如欧盟的纯晶圆代工厂占半导体价值链全球收入的比重仅3%,封装与测试占比更小。整体而言,欧盟半导体产业在全球总收入比重仅占10%左右(约440亿欧元),此明显与欧盟占全球经济比重不相符,2019年欧盟GDP占全球比重约16%。为了强化欧盟在重点产业上的自主性与竞争力,欧盟于2020年3月发布"欧洲新产业策略",强调欧盟在气候与数字经济上的双重转型,并宣示将强化欧盟产业的战略自主性,针对欧盟最需要的产品减少对他人的依赖,包括关键原材料与技术、粮食、基础建设、安全及其他战略领域,同时提供欧盟产业有机会去拓展自己的市场、产品与服务,以促进全球竞争性。此时欧盟仍使用战略自主性,而非OSA,但其内容描述已近似于后续对OSA的构成要件。

2020年5月27日,欧盟提出对应新冠肺炎疫情冲击的欧洲复兴计划——"次世代欧盟",首次使用OSA概念,强调欧盟未来将追求OSA与强健的价值链,持续承诺开放且公平的贸易,但有必要更注意到减少依赖性,以强化供应安全,尤其是医药品与关键原材料上。此后,OSA概念大量出现在欧盟重要峰会与文件上,承认OSA的重要性,并针对其内涵持续辩论。

历经数个月讨论后,欧盟于2021年2月18日新版贸易政策审查文件《开放、可持续与自信的贸易政策》,其中阐述了OSA定义与重要内涵。同年5月5日,欧盟发布"更新2020年新产业策略"及"战略依存性与能力"工作报告等,持续承认OSA的重要性与内涵。

根据欧盟2021年2月的"开放、可持续与自信的贸易政策",所谓OSA系指"有能力形塑新的全球经济治理体系并发展互利的双边关系,同时保护欧盟免于受到不公平且滥用行为的伤害,该能力包括多元化与巩固全球供应链,以提升对未来危机的韧性"。

(二)OSA政策三大构件

OSA的三大构成要件包括:韧性与竞争性、可持续性与公平性、自信与以规则为基础的合作。以此为基础,欧盟迈向OSA的三大支柱分别为开放性、可持续性、自信性,此即为2021年2月欧盟"开放、可持续与自信的贸易政策"所凸显的三个词汇。

在开放性上,由于过往战略自主性的概念可能有潜在的政治性与对抗性,因此欧盟特别冠上"开放性"概念,显示欧盟在追求战略自主性时,仍将继续坚守对自由且开放的市场经济承诺,避免让外界以为OSA等同于经济的自给自足或是保护主义政策。为了强化欧盟多元产业间的韧性与竞争力，欧盟须确保自由开放的国际市场及不受扭曲的市场进入，亦须利用单一市场的开放性优势，成为多边主义及以规则为基础的国际秩序的可信赖提供者。

在可持续性上，韧性与可持续性相辅相成，强化欧盟供应链韧性将有助于让欧盟供应链更具可持续性。但目前正面临新冠肺炎疫情的严峻考验，欧盟将与理念相近伙伴在WTO、G20架构内发展贸易与健康倡议，对健康产业供应链进行更全面的检视，并制定适当的解决方法，包括从危机预防与准备到多元化生产与供应链、确保关键物资的战略库存，以回应供应链中断或需求冲击发生时的韧性。

在自信性上，欧盟将促进现代化、以规则为基础的架构，来缓解全球与区域紧张形势，其中将优先强化与美国的"跨大西洋伙伴关系"，共同合作改革WTO议程及应对相关全球议题。欧盟亦须与中国建立更公平且以规则为基础的经济关系，使其承担更多国际贸易制度下的义务。更重要的是，欧盟将多元化其对外关系，与理念相近伙伴建立联盟，包括通过缔结贸易协定。

二、《战略依存性与能力报告》

在欧盟执委会2021年5月5日公布"更新2020年新产业策略"之下，亦发布首份分析战略依存性初步报告——《战略依存性与能力报告》，初步确定有137项属于欧盟"高度依赖"第三国进口的产品，占欧盟总进口产品值约6%。其中另有34项属于"潜在更脆弱"的产品，其进口来源多元化与取代性程度更低，占欧盟总进口产品值约0.6%。这些产品大多属于能源密集型、健康产业生态系统以及其他相关支持双重转型产品。

在高度仰赖第三国进口产品中，第一大类属于关键原材料、加工物料与化学产品，大多为能源密集产业生态系统。第二大类属于健康生态系统，包括活性药物成分、其他药品与新冠肺炎疫情相关产品（如防护衣零件等）。第三大类属于与双重转型直接相关的再生能源与电子生态系，例如永恒磁石、蓄电池、电动马达、无线电广播接收器、笔记本电脑、智能手机等。

在潜在更脆弱的产品中，有 22 项属于 CRM 与中间产品，例如 APIs、铁合金等；另 12 项属于最终产品，例如涡轮螺旋桨、新冠肺炎疫情相关产品如防护衣零件、无线电广播接收器、特定类型的药物。

总计这 137 项关键产品自欧盟外部进口主要集中在两至三个国家，前三大进口来源为中国、越南与巴西，自中国进口比重超过半数，高达 52%，越南与巴西分别为 11%、5%。其他进口来源包括韩国、新加坡、美国、英国、俄罗斯、日本等。

上述欧盟关键产品可归类为六大战略产业。

三、欧盟六大战略产业

（一）原材料

欧盟执委会于 2020 年 9 月公布第四份"关键原材料清单"，识别 30 种对经济发展非常重要且有高度供应风险的 CRM（关键原材料），因其高度仰赖特定国家供应，例如欧盟 98% 的稀土来自中国、98% 的磷酸盐来自土耳其、71% 的铂族金属来自南非。鉴于 2030 至 2050 年欧盟对 CRM 的需求将倍增，欧盟在"2020 年关键原材料行动计划"中制定许多行动计划支持原材料供应链的韧性发展，以 2020 年成立的"欧洲原材料联盟"最具代表性，聚焦在稀土、磁铁与电动车。

（二）活性药物成分（APIs，原料药）

新冠肺炎疫情凸显关键医药品的重要性，但欧盟在医药品供应链上高度仰赖外国，尤其原料药高度集中在特定国家，根据2015年原料药全球生产份额，亚太地区（中国、印度）占比达66%、欧盟24%、北美洲3%，且亚太地区有逐渐增加的趋势。而欧盟进口的原料药中有高达45%来自中国。因此，2020年11月，欧盟通过"欧洲制药策略"，其四大策略之一便是"支持欧盟制药产业的竞争力、创新和可持续性，并开发高质量、安全、有效且绿色的药物"。

（三）锂电池

锂电池因其优越性能而成为电动车产业的关键零部件，但欧盟锂电池生产远远落后于其他全球竞争者。根据统计，2018年全球锂电池产能66%集中在中国，20%集中在韩国、日本和其他亚洲国家，而欧盟仅占3%。虽然欧盟已扩大对电池材料的投资，但仍不够。因此，2017年10月，欧盟成立"欧洲电池联盟"（EBA），建立一个更具竞争力与可持续性的电池制造价值链，设定目标为2025年以前为600万辆电动汽车提供动力。预期到2024年，欧盟可望成为全球第二大锂电池制造国，占全球产能比重将增加至14.2%，到2029年将提升至16.6%。

（四）氢能源

再生或低碳的氢能源是欧盟产业脱碳化和提升竞争力的重大关键。欧盟已是许多氢技术的技术领先者，全球有一半的电解槽制造商在欧洲，但一些再生能源的原材料仍仰赖进口，且短期内缺乏足够的再生和低碳能源供应，亦缺乏相应的基础建设。基于此，2020年7月欧盟成立"欧盟洁净氢燃料联盟"，执行"欧盟氢燃料策略"

下的重要投资项目，持续资助氢能源价值链的发展，限制对燃料电池的依赖。

（五）半导体

半导体为智能设备与数字服务的关键元件，但欧盟生产能力有限、进入成本较高和缺乏公平的竞争环境，正威胁欧盟数字转型的能力。基于此，2020年12月，欧盟通过《欧洲处理器和半导体科技倡议联合宣言》，宣布未来2至3年内将投入1450亿欧元于半导体产业生态系统。亦准备发起"处理器与半导体科技联盟"，以壮大欧盟半导体产业联盟，并致力于寻找替代供应来源，通过与理念相近国家的全球伙伴关系，来强化既有供应链。

（六）云端与边缘运算

云端与边缘运算是实现欧盟双重转型的关键技术，但欧盟对该技术的使用率仍不高。根据统计，2020年欧盟最大云端服务提供商占欧洲市场总收入比重不及全球1%。基于此，2020年10月，欧盟通过《为欧洲企业与公共部门建立次世代云端技术联合宣言》，合作促进次世代云端技术的供应，并刺激整个欧盟采用云端服务。亦计划成立"产业数据、边缘与云端技术联盟"，针对数据处理的分散化趋势，实现联邦层级的云端生态系统。

新冠肺炎疫情加速欧盟推动OSA，为了更明确识别对欧盟而言具战略依存性的产品，欧盟以一套科学且严谨的方式，盘点出137项关键产品，并归结至六大战略领域。该做法与美国白宫2021年6月8日公布"供应链审查报告"有异曲同工之妙，美国指出半导体、医药品、关键矿物与材料、高容量电池四大关键产业，并依此提出具体的供应链复兴计划，以降低供应链的"断链"风险。

展望未来，在关键技术与产业上建立战略自主性已是主要国家于后疫情时代的重要趋势，如何与理念相近伙伴共同推动供应链合作，将是欧盟重振关键产业的重大课题。随着欧盟疫情趋于稳定，再加上 2021 年 7 月 1 日"欧盟数字新冠认证"正式上路，通过逐步放宽移动限制来带动经济复苏，这促使欧盟有更多心力与资源推动 OSA，进而实现欧盟在气候和与数字经济上推动双重转型的宏愿。

第三节　日本

美国前总统特朗普上任后，为追求美国贸易收支的平衡，自 2018 年 7 月开始，陆续展开四波对中国进口商品加征关税的举措，不仅造成中美关系的紧张，连带影响全球供应链体系的运作。日本为掌握美中贸易摩擦对日本企业的影响，于 2019 年 8 月至 12 月之间，由日本贸易振兴机构（JETRO）进行主题为"关于日本企业拓展海外事业"之问卷调查，调查内容涵盖"贸易保护主义的影响""针对贸易保护主义的因应对策"以及"供应链体系的重整"。

该调查发布的结果聚焦于对中坚/中小企业的影响，虽然也存在从美中贸易摩擦中获益的企业，但整体而言，美中贸易摩擦对两成的日本中坚/中小企业已造成负面的影响，以产业类别来说，运输工具（汽车及其零部件）、运输业、精密机械、钢铁/金属等产业，皆有超过 30% 的中坚/中小企业受到负面影响，是受害程度较高的业别。

日本企业受到负面影响的原因甚多，跟关税提高有直接相关的前三大因素包括：美国向中国采购的数量减少；美国提高关税使供应商面临商品价格上升导致竞争力降低，直接降低进口商下单的数量；美国提高关税但在不提高售价的情况下,由进出口双方分摊关税上涨的成本,直接压缩企业的利润等。

前三大间接因素:一是美中贸易摩擦使得中国经济增长速度减缓,对日本企业制品的需求降低;二是中国企业的订单量减少,连带降低对设备投资的需求;三是中国对美国出口的下降,使得中国制产品转销往其他市场,加剧其他市场的竞争程度等。

一、疫情对日本企业供应链的影响

根据日本内阁官房日本经济再生总合事务局发布的会议资料显示,2019年日本对中国的出口总额为14.7兆日元,占日本总出口金额之19.1%,同年日本自中国进口总额为18.4兆日元,占日本总进口金额之23.5%,显示日本在经济方面对中国的依赖程度相当高。在中间产品的进出口贸易上,日本对中国大陆的依存度也是最高,比重超过两成,从中国进口的中间产品当中,尤以电子零部件、计算机相关产品、汽车零部件等占比较大。若进一步观察汽车零部件的进口来源,来自中国的比重自2005年开始逐年攀升,2019年已达到37%的程度,因此,由于新冠肺炎疫情造成中国生产与物流体系的紊乱,日本汽车产业供应链体系掀起巨大的涟漪。

通过日本自动车工业会向14家汽车制造商的访问结果显示,此次疫情对日本汽车业在生产上造成相当大的影响,包括生产领域、物流领域以及信息流通领域的困难。

在生产领域产生的问题包括:一是中国幅员辽阔,各地方政府有各自防疫的规范与标准;二是停工的命令一日不解除,连库存也无法调动;三是人员移动的限制因省而异,使得工厂招工困难,即使停工命令解除也难以立即恢复生产;四是位于中国零部件制造商生产线再开的时间无法确实掌握;五是在中国当地采购的供应商交期延误亦无法确定可交货的时间,连带使自家工厂的开工日期也无法确定。

物流方面的问题则涵盖:一是从工厂到港口的陆路运输状态无法掌握;二是部分零部件的供货相当吃紧,也使得生产线无法顺畅运作;三是虽然改以空运作为回应对策,但由于航班缩减,在确保航班上耗费相当大成本。

二、日本政府的政策

日本政府实施《新型冠状病毒感染症紧急经济对策》,以下简称《紧急经济对策》,通过政府政策的拟定,大力支持国内生产基地的重建和建构多元化的供应链体系,并致力协助企业拓展海外业务,并维持和加强农业、林业、渔业和食品出口能力,以便在疫情缓和之后能够继续创造与吸引外部的需求,创造与建立中长期经济增长的经济结构。

《紧急经济对策》除了指定经济产业省负责完善日本国内的口罩、人工呼吸器等医疗器材的生产线,确保医疗物资不会匮乏之外,同时提出"建构强韧性经济结构"的施政方向。其中有关供应链改革的内容包括提供补助金协助日本企业重新建构其供应链体系,涵盖在日本国内设厂以及于东盟国家建立新的生产据点,以及与此相关的技术开发与升级、稀少金属储备方案、动态库存查询系统的整备等,以降低日本企业过度集中于单一生产地所带来的风险。该计划合计提拨2 486亿日元的资金补助,协助在中国等地的日本企业将生产据点回流日本或移转至东盟国家。前者的补助金预算2 200亿日元,后者则为235亿日元,其余经费将用于与东亚经济研究中心的共同研究，以及其他拓展海外市场的补助等。

  补助的对象分为 A、B、C 三类，并须各自满足日本政府公告的要件，A 类以在日本国内建立工厂、增购生产设备为主，以降低供应链的集中度为目标；B 类以回应国民健康必需品的需求，而须扩建或增建的仓库或物流中心等设施为主，并属于日本产业分类中的货物运输业、远航海运业、沿海海运业、航空运输业、仓库业、港湾运输业、货物运输交易业、批发业、制造业、零售业等类别；C 类以两家（含）以上中小企业形成的合作联盟为主，若两家以上的中小企业具有优势互补的特性与能量，可提出共同投资计划书，其内容若符合 A 类的补助事项，则可获得政府的补助。

  上述三类受补助的对象企业涵盖大、中、小型企业，其中大规模企业获补助金额在整体投资计划的占比将低于中小企业。换句话说，相同投资金额的计划书，在 A 类事业投资计划下，大企业获补助的金额上限为投资总金额的二分之一，中小企业最高可获三分之二；B 类事业大企业获补助的上限为三分之二，中小企业则为四分之三；C 类事业的中小企业联盟则可获得四分之三；而不论是哪一类型的投资计划，皆不超过 150 亿日元的投资补助金额上限。

第四节 韩国

  韩国政府于 2020 年 2 月份召集相关部门，要求针对主要业务提出新冠肺炎疫情应变政策，希望借此能够最大限度地降低新冠肺炎疫情所产生的涟漪效应。其中，雇用劳动部提出"对应新冠肺炎疫情就业稳定特别方案"，以降低对就业造成的冲击为核心进行规划；同时，搭配产业通商资源部所提的"强化中小企业经营安定支援方案",为劳工的就业安全提供支持。

其后,韩国前总统文在寅于2020年4月22日召开第五次紧急经济会议,提出"因应新冠肺炎疫情的民生金融安定计划",试图解决企业危机和就业恶化问题正在扩散的窘境。

此计划为韩国政府加快推动第二轮追加预算审核进度的基本文件,其确定以下三项措施:一是紧急投入40兆韩元设立紧急时期的"产业安定基金";二是将第二次紧急经济会议确定的疫情应对"金融救济方案"之规模由100兆韩元提高至135兆韩元(即追加35兆韩元的预算),扩大对小型企业的扶持力度和企业债券采购规模,增加对信用较低企业的流动性支援;三是投入10.1兆韩元专门用于"稳定就业"。同时推出新的"紧急雇用稳定政策",并加快准备与之相关的第三轮追加预算计划。换言之,韩国政府在疫情严峻阶段的政策主轴,可归纳为产业安定、金融支援与稳定就业三个方面。

与此同时,韩国政府各部门也超前部署,提前在疫情对应之际即盘点本身主要业务的政策情况与未来发展对策。例如,科学技术信息通信部于2020年3月26日召开"第二次ICT紧急会议",会上不仅针对当时韩国政府对于新冠肺炎疫情的应对策略及作为进行全面性盘点,同时也针对后新冠肺炎疫情时期的政策准备进行讨论。产业通商资源部也于2020年5月6日宣布本身盘点新冠肺炎疫情对于韩国整体经济社会带来的变化,并相应提出八项应对措施,其中特别着重于健康与环境、经济活动和贸易环境三个方面。

随着疫情持续发展并且对于民众生活及产业发展带来的改变,科学技术信息通信部于2020年5月27日发布"科学、数学、信息融合教育综合计划",该计划旨在培养全球性人工智能、虚拟实境等新技术领域之人才,为未来信息通信社会之发展奠定基础。同时,教育部也宣布支持"未来创新领先学校"计划的推动,因为新冠肺炎疫情引发教育模式和环境的改变,调整新的课程内容,将先进的教育技术(例如 AI)引进教育现场。以此观之,这两项计划实为以"科学、数学、信息融合教育综合计划"为主,"未来创新领先学校"计划为辅,从而达成相辅相成的效果。

一、后新冠肺炎疫情时期产业发展以推动"K 防疫"为核心

在前述"科学、数学、信息融合教育综合计划"与"未来创新领先学校"两项计划的基础下,韩国政府召开"第六次紧急经济中央对策本部会议",会中确立了政府跨部门的"K 防疫政策路线图"。该路线图除了提出 18 项标准,还包括临床数据和防疫研发标准化计划,以此系统化构建标榜为 3T(Test-Trace-Treat)之"K 防疫模型",并打算推动将其作为国际标准化组织(如 ISO)建立"检查/确认""流行病学追踪"及"疾病遏制与治疗"等准则,其宗旨在于"让 K 防疫模式成为世界的典范与标准"。至此,可以看出韩国政府欲借由防疫成果,顺势提升国际地位的企图。

韩国政府推动"K 防疫"计划的思维,主要着眼于目前如中东呼吸综合征等传染性疾病并未有标准化(预防)模型,而此次韩国在检疫方面的表现受到国际肯定,正为推动将"K 防疫模型"成为国际标准化流程的最佳时机,使各国从检查和确认阶段到流行病学和跟踪阶段,以及隔离和治疗阶段等每个阶段都有国际标准可依循。此外,"K 防疫"计划不仅包含"K 防疫模型",也包含推动"防疫产业"的概念。根据韩国保健产业振兴院的研究,尽管因为新冠肺炎

疫情蔓延造成全球经济条件恶化，但是2020年上半年韩国保健部门的出口总额达96亿美元，比去年同期的76亿美元增长了26.7%，占出口排名也向上提升，前进到第6位。

从产品面来看，韩国产消毒剂出口到88个国家，主要包括美国、日本和中国，自3月以来，对美国的出口激增，占消毒剂出口总额的52.1%；其次为日本占25.6%，中国占5.4%。此外，虽然诊断产品（包括诊断工具包）在医疗器材出口中所占比例不大，但是由于新冠肺炎疫情的扩散，海外对韩国诊断产品的需求增加，因此出口比率显著增加。换言之，包括诊断试剂盒在内的健康产业已成为一个新兴出口产业，因此"K防疫产业"主要以健康产业为核心，配合政府促进新创企业出口政策的推动，扩大防疫产业出口实绩。

二、加强以信息与通信技术（ICT）为基础的产业发展政策

新冠肺炎疫情改变了全世界民众的生活方式，在信息共享和科学技术的运用下，引发了教育形式和教育环境产生变化。在此情况下，韩国政府视后新冠肺炎疫情时期为韩国产业的转型时代，因此正好呼应其专注于第四次工业革命产业政策的主轴，亦即发展新技术（5G、大数据、云端、VR/AR、无人机、自动驾驶等）的核心概念。换言之，对韩国政府来说，预先为后新冠肺炎疫情时期做准备即同时强化第四次工业革命政策的推动，而其中最关键的议题即为"加速数字化发展"。

因此，目前相关产业政策的核心议题为"非接触式技术"的开发与应用，短期与长期目标如下。

（一）短期目标

一是信息与通信技术研发企业支援。允许受疫情影响企业的专

利权使用费延迟缴纳，缩短技术开发资金融资申请审查时间，降低民间参与共同研发计划的资金负担比例，允许相关成本费用延迟支付，以及向韩国电子通信研究院支付的技术移转费用可延迟等。

二是提高国内产业合作。提升政府执行率，强化政府的灵活性，促进大企业与中小企业的合作，例如 5G 设备/零件合作、5G 智慧工厂联盟等。

三是确保海外拓展机会。拓展进出口方式并吸引外国投资，加强全球营销，积极办理国内在线/实体展览活动，邀请国内外厂商参与，开拓出口机会。

（二）长期目标

一是全球供给网络稳定。稳固 ICT 全球价值链，提升企业风险管理能力，扩大进口多样化支持政策，发掘国内具有潜力的零件生产公司，增强国内的技术开发能力。

二是以 DNA（指 Data、Network、AI）为基础之 ICT 出口结构进阶化。推动产业融合计划促进新南方和新北方等新市场的出口，整合数据价值链（构建、开放、存储、分配、分析和利用）促进全球数据产业，培育专业人才，持续推动"5G+ 战略"，推动"人工智能国家战略"，促进 5G 创新产品和服务向海外扩展，推动与亚洲等主要国家之相互认证协议（MRA），融合国内 ICT 企业与全球企业之间的技术创新合作。

三是构筑企业经营友善生态圈。完善政策融资体，根据企业特性量身订制创业支持及投融资担保计划。

四是强化 ICT 出口支援机能。提高 ICT 出口支援体系的效率，及时共享中国最新新冠肺炎疫情相关政策信息及国内产业支援政策信息，扩展海外 ICT 出口据点，改善 ICT 统计、ICT 产业和出口统计系统。

第五节 印度

印度为南亚大国，因其重要的地缘位置、庞大人口基数、民主体制、国防能力与经济增长动能备受国际瞩目。现任总理莫迪自2014年上台后很快提出了"印度制造"战略，以争取外资企业至印度设立制造业生产据点。美国前总统特朗普执政期间，为拉拢印度加入"抗中"阵营，与莫迪政府交好，苹果公司等亦开始转移一部分供应链至印度。

世界银行曾预测，印度因投资增加、制造业灵活及民间消费旺盛，其经济增长率预计未来数年将可维持在7%以上，蝉联全球成长最强劲的主要经济体。2018年印度国内生产总值规模接近2.7兆美元，但全年经济增长率放缓至6.1%。2019年因投资、制造业及民生消费不振，经济增长率再度降至5.0%，但同年经济规模已经超法赶英，晋级为全球第五大经济体。2020年全球经济因新冠肺炎疫情重挫，印度疫情严重，列入全球第二高确诊人数国家。2020年3月印度政府实施全国封锁，更冲击民间消费和投资生产。世界银行在2021年1月预测印度2020财年（2020年4月至2021年3月）经济增长率降至-9.6%，印度储备银行（RBI）则预测将降至-7.5%，将是印度近60年来最严重的经济衰退。

如审视印度经济结构，可发现近年其经济增长动能主要来自政府支出、国内投资与民间消费。在不同产业结构上，除2020年因疫情重创工业与服务业外，服务业成长仍高于农业与制造业。

印度政府常年为发展制造业及降低逆差困扰，2014年代表印度人民党竞选的莫迪获胜，在就任总理后，他提出"印度制造"战略，期望复制中国、越南等国家经济发展模式，发展制造业。在众多制造业中，印度在前朝政府国民大会党执政期间，即研制多项推动印度电子信息制造业产业政策，希望提升印度电子制造业的竞争优势，促进电子产品出口及减少因电子产品进口造成的庞大逆差。莫迪政府"在印度制造"政策延续先前重视电子与通信产业等产业发展重点，更进一步实施阶段性制造计划，同时通过提高各类产品进口关税，例如手机及其零部件等，迫使生产终端产品及其关键零部件的跨国企业至印度设厂生产。

2019年1月，印度政府进一步提出"2030年愿景"的国家发展目标，慎重指出印度在全球贸易体系的角色已经改变，并首次以全球供应链（GVC）的角度，指出过去将产业发展重心单独放在电子产业已不足以改变印度制造业的生产体系，未来必须提出整体性策略，才能将印度融入全球供应链体系中，达到"在印度生产、为印度生产也为全球生产"的目标。

2019年5月，印度人民党在大选中获得大胜，莫迪顺利展开连任之路。莫迪连任后，宣布扩大实施"印度制造"战略，并将启动经济、财税、土地等多项改革。其中，为吸引外资进入印度，莫迪政府全力改善投资环境，力拼洗刷印度长期在全球营商环境排名敬陪末座的恶名。2019年，印度全球排名由第100名进步至第77名，2020年更上升至第63名，被世界银行誉为"全球营商环境改善幅度最大的国家"之一。

审视"印度制造"战略推出后吸引外国人直接投资（FDI）的成效，2014至2015财年间，印度FDI流入金额曾经出现两位数增长，但自2017年增长率降至3%，FDI金额约为445.8亿美元，为近五年来最低。至2019财政年再次出现明显增长，较前一财年增加13%，投资金额达500亿美元。至2020年12月,2000年4月—2020年12月期间,累计FDI达5 216亿美元,2019年3月迄今FDI快速增长,2019财年(2019年4月至2020年3月)增长13%。

如以FDI进入的产业类别观察,虽然近年外资主要投资领域仍以服务业为主,包括金融、银行、保险、商业、外包、研发、电信服务业等,但制造业中计算机软件与硬件投资、通信领域等FDI金额增长迅速,但其他制造业如金属加工、食品加工、电机设备、纺织成衣等产业,增长并不明显。

根据最新累计外资统计,印度前十大外国人投资产业的金额及比重的顺序依次为:服务业(859亿美元,16.5%)、计算机软硬件(693亿美元,13.3%)、电信(376亿美元,7.2%)、贸易业(297亿美元,5.7%)、基建及不动产(254亿美元,4.8%)、汽车(254亿美元,4.9%)、化学品(184亿美元,3.5%)、制药(177亿美元,3.4%)、旅游(156亿美元,3%)、电力(154亿美元,3%)。其中,在2020年3月至2020年9月间,计算机软硬件投资金额占同期所有FDI金额比例高达60%。

如进一步比较印度与中国、越南的外资流入趋势,可发现外资进入中国自2013后持续下降,仅2018年一度逆势增长,至2019年投资金额创下新低,约1 558亿美元。印度外资金额则自2012年后稳定上升,2019年创下新高,约506亿美元,虽仅约中国外资金额的三分之一,但差距正逐步缩小。同期,越南吸引外资金额虽亦逐年增加,2019年创下新高,共计161亿美元,则仅约印度外资金额三分之一。值得注意的是,进入越南外资以制造业、土地开发为主,与进入印度以服务业为主的结构大相径庭。

总的来说,"印度制造"战略推出迄今已进入第七年,政策改革与吸收FDI成绩渐有成效，但距离莫迪誓言将推动印度成为全球制造中心的目标，仍有极大的差距，即使欲达到成为亚洲工厂的目标，也还有诸多重大挑战须待克服。其中一项关键挑战是印度严重缺乏支持性产业，以致多数产品仍需进口零部件，然后在当地组装为成品，附加值有限。以智能手机为例，据印度研究机构稍早的分析，印度手机在当地组装仅占整体附加值约10%至15%，多数厂商进口零部件后进行组装，仅少数低阶零部件可自行生产，较高阶零部件仍需依赖进口。

此外，除智能手机、面板与其零部件的制造工厂蓬勃发展外，其他电子产业皆呈现衰退，包括其他消费性电子产品、家电等，并未获得厂商或外商青睐，为印度整体制造业的均衡发展蒙上阴影。

更重要的是，莫迪政府虽然锐意推动改革，但是迄今许多政策与配套措施的推动摇摆不定，不确定性甚高，再加上政府推动法规松绑速度缓慢，导致中央与地方政府效能、贸易与劳动法规、整体税赋环境、便捷化措施等仍远逊于中国与越南等国家。印度如希望扩大参加产业供应链，迈向亚洲工厂，还有很长的路要走。

第六节　澳大利亚

为协助澳大利亚国民与企业预先做好供应链中断的准备工作，澳大利亚"生产力委员会"（以下简称委员会）亦于2021年3月26日先行提出《脆弱性供应链期中报告》，聚焦于分析供应链中断对澳大利亚国民取得必要货品与服务的影响程度，并制定分析架构以界定可能影响澳大利亚供应链韧性的风险因素。其后，委员会于2021

年 8 月 13 日公布《脆弱性供应链最终报告》，并在此阶段着重探讨供应链中断后对澳大利亚出口的影响。

尽管澳大利亚经济与产业结构和我国有所不同，但澳大利亚在期中阶段有关供应链脆弱性的分析架构与应对措施，值得我国参考借鉴。

一、澳大利亚展开脆弱性供应链的风险评估

随着新冠肺炎疫情持续及近两年来澳大利亚野火灾情不断，澳大利亚国民与政府均留意到供应链中断对其经济与民生福祉的潜在威胁。然而供应链风险管理成本高昂，故如何分析风险与采取应对措施成为澳大利亚政府首要关切目标。澳大利亚生产力委员会遂于 2021 年 3 月 26 日提出《脆弱性供应链期中报告》，旨在分析澳大利亚脆弱性供应链的各项风险来源与性质，并依据进口及生产数据，制定一套用以确认具脆弱性供应链的分析架构，同时针对不同供应链风险提出对应策略。

报告指出，产业供应链通常横跨多国经济体与众多企业，是具有相当复杂性与互赖性的网络。随着贸易全球化与便捷化的提升、科技快速发展等现象，进一步促使各产业走向生产专业化分工。然而产业专业分工越精细，其供应链越发脆弱，如遭遇突发风险事件恐致整个供应链停止运作。

目前国际上对如何界定供应链风险仍未有共识，澳大利亚初步将风险归纳为内部及外部风险：内部风险系指影响特定企业提供货品或服务的风险，主要涉及制造、运输、财务与信息等面向；外部风险则系指足以威胁整个市场的风险，依其风险来源而可分为地理政治、环境、经济、社会及基础建设相关冲击等类型。至于供应链

风险管理策略则应以减少风险事件发生的可能性,或是降低风险事件发生带来的影响及成本为其目标。

二、确认脆弱性供应链的分析架构与分析结果

委员会设计了一套结合数据分析和专家意见调查的评估方法,以确认哪种产业供应链具脆弱性,且该产业供应链中断后将直接影响澳大利亚经济正常运作与澳大利亚国民的福祉。首先,委员会利用贸易数据分析具有脆弱性的进口产品,判定该项产品是否用于澳大利亚必要产业,最后则通过专家评估该产品对澳大利亚经济运作是否具有关键性。其分析架构具体可分为以下三个步骤。

步骤一是确认进口产品是否具有脆弱性。相较于澳大利亚制产品,报告首先指出外国进口产品为形成供应链脆弱性的主要因素,且进口来源越集中,供应链脆弱程度越高。此一步骤主要检视进口产品的潜在脆弱性,利用进口数据过滤筛选澳大利亚特定产业是否自单一国家进口绝大多数产品,或是当主要供应国无法提供产品时,仅有少数替代国家可提供同样产品供澳大利亚产业所用。原则上,此步骤系以 HS Code 税号统计并分析澳大利亚在 2010 年 1 月至 2020 年 7 月的进口数据,以及 2014 年至 2017 年的全球贸易数据。为确认进口产品是否具有潜在脆弱性,应依序执行以下三个筛选阶段。

(一)进口集中性

此阶段将分析贸易数据,以确认澳大利亚进口产品是否高度仰赖特定进口国,并以主要供应国进口产品是否占澳大利亚该产品进口达 80% 以上为其门槛。委员会共筛选出澳大利亚有五分之一进口产品,即 1327 项进口产品具高度仰赖性。其中,具高度进口集中

性的产品群包含：化学品、燃料、药品、矿产、金属、肥料、塑胶、运输零件与设备以及军事设备。

（二）世界市场集中性

此一阶段主要筛选特定产品在世界贸易市场是否具有集中性，即如现行供应链中断是否仅有少数替代供应国可成为产品替代来源。对此，澳大利亚主张，如特定产品的主要供应国出口量占全球出口比重 50% 以上时，即为具有高度世界市场集中性。据委员会分析，在澳大利亚 1 327 项进口产品内，绝大多数产品具有替代供应国，但仍有 518 项产品仅具少数替代供应国。

（三）是否向主要供应国取得具进口集中性的产品

通过上述两个阶段可筛选出具备"世界市场集中性"与"进口集中性"的澳大利亚进口产品，故委员会进一步分析澳大利亚是否向主要供应国取得上述产品，如是，则当面临供应链中断时，澳大利亚仅能向少数替代供应国购买产品，而更容易受到供应链中断影响。经此阶段筛选后发现，共有 292 项产品，相当于澳大利亚全体进口产品的二十分之一系由主要供应国进口至澳大利亚，而可能具有供应链脆弱性。

澳大利亚深入分析此 292 项进口产品的特性，通常为消费性产品或中间产品。详细而言，这些消费性产品主要包含纺织品、食品及服饰类，其中包含了个人防护装备；中间产品则涵盖化学品、木材、金属、电机电子产品与矿产品等；其余则多为运输设备、电机电子设备等高价产品。另外，在此 292 项进口产品里三分之二的产品主要来自中国。

步骤二是判定该项产品是否用于澳大利亚必要产业。尽管委员会已筛选出多项进口产品具有潜在脆弱性，但并非所有产品均可用于澳大利亚的必要产业。该报告所称必要产业采用狭义定义，仅指提供服务或产品以满足澳大利亚国民基本生活需求者，包含供水、卫生、通讯、能源、物流、银行及政府服务共七大类别。其中，由于澳大利亚为产粮大国，故未将粮食纳入必要产业行列。

委员会采用澳大利亚统计局的投入产出表在2016年至2017年有关产品或服务的生产与最终用途等数据，以判定该进口产品是否与澳大利亚必要产业有关。

据分析，前两个步骤所筛选出的脆弱性进口产品共292项，其中281项符合澳大利亚投入产出产品群分类。而在上述281项进口产品的中，仅有130项与必要产业相关，其中以卫生及物流业所用具脆弱性进口产品比例最高，约100项产品；并以银行服务所占比例最低。另外，提供必要服务的产业通常使用澳大利亚当地服务以提供服务，故具脆弱性的进口产品仅占此等产业投入成本的一小部分。至于提供必要产品的产业，则主要是石油精炼业及制药业所用具脆弱性的进口产品较可能具关键性。

经执行上述两项分析步骤后，可得知澳大利亚脆弱性进口产品仅占投入必要产业所用产品的一小部分，显示出脆弱性进口产品对澳大利亚生产必要产品与服务可能不具关键地位。然而，由于委员会可取得的产品生产细节不足、难以联结产品进口与制造数据等问题，其分析结果可能不足以充分反映澳大利亚供应链实际情形。故第三步骤则是将调查产业专家意见，进一步界定上述进口产品是否对澳大利亚经济具有"关键性"。原则上，委员会将咨询专家，由专家依其对产品制程的专业知识与丰富经验，判断特定进口产品是否对澳大利亚具有技术上关键性，即如缺少该进口产品是否会中断必要产品或服务的供应，且该产品难以自其他供应国取得或是由其他产品取代。值得注意的是，委员会并未公告第三个步骤的筛选结果。

依据上述供应链风险分析结果，澳大利亚认识到其现行供应链对外依赖的情形未有产生具体风险，但仍需定期检讨以适应情势变化。与此同时，此项报告提供澳大利亚企业及政府对供应链风险管理的建议对策。由于供应链中断将导致产品销售情形下降、企业获利与名气受损等问题，故企业具有强烈动机来管理供应链风险。对此，报告首先说明在企业层级方面，企业对供应链风险管理分为四个阶段。一是预防阶段，避免供应链中断或减少中断可能性；二是准备阶段，确保供应链其他部分做好对应准备，以降低供应链中断的成本；三是回应阶段，提高企业回应的速度与效率；四是复原阶段，促使企业在供应链中断后恢复营运状况。

原则上，为作出有效的供应链风险管理决策，澳大利亚企业必须知悉供应链中断的性质及其潜在影响，故应通过搜集信息以了解供应链所面临的风险，其可能措施包含与其供应商共同合作交换信息、定期通报与审视可能风险，亦可投资物联网、区块链等新兴科技与数据分析，以辨别供应链具体风险。另外报告亦对企业提出五种不同的供应链风险回应措施，包括不作为、建立库存、增加供应商多样化、与替代供应商建立弹性契约及提高国内生产能力，允许企业按不同的供应链中断性质及产品中断供应性质采取对策，如表7-1所示。

表 7-1　澳大利亚对供应链中断的建议对策

供应链中断的性质	对策				
	不作为	建立库存	增加供应商多样化	建立弹性契约	提高国内生产能力
断链非经常性	+	−	+	+	−
断链持续时间较长	−	−	+	+	+
国内供应链中断而影响国内供应源	?	+	+	+	+
产品供应中断的性质					
生产弹性较低	−	+	+	−	−
产品较易腐坏	?	−	?	?	+
偏好供应商可靠性较低	−	+	+	+	+

注:"+"指采取该对策较其他对策为佳;"−"指采取该对策较其他策略为差;"?"则是采取该对策的效果并不明确。
资料来源:作者整理自澳大利亚生产力委员会的《脆弱性供应链期中报告》。

除企业以外,各国政府亦在供应链风险管理方面扮演重要角色,当企业未能有效应对供应链中断的情形时,政府即可采取干涉行为,其前提是政府采取干涉行为所带来利益高于其可能成本。

对此,本项报告提出政府在供应链风险管理各阶段采取的建议措施:

一是在预防与准备阶段,政府可提供供应链风险信息及相关专门知识,以协助企业更加了解供应链风险;政府亦可强制要求或支援企业投资风险减缓措施,降低供应链中断对该企业的负面影响。

二是回应及复原阶段,政府可制定新政策或担任协调人的角色以应对危机。例如在新冠肺炎疫情期间,澳大利亚政府以确保医院及公立老人机构取得个人防护设备(PPE)为其优先目标,故澳大利亚产业、科学、能源及资源部与卫生部共同合作，通过向当地制造商提供援助、减少法规障碍等措施，以确保澳大利亚国家医药储备系统可取得 PPE 产品。

三是委员会主张澳大利亚政府有责任维持并促进以规则为导向的多边贸易体系，以确保企业有能力应对供应链中断的负面影响；同时，各级政府均须保证其法规可达成其政策目标，包含允许企业对供应链中断采取因应措施而不造成不必要阻碍。

综上所述，澳大利亚生产力委员会公布的《脆弱性供应链期中报告》首先制定了"由下而上"的分析筛选机制，逐步筛选出对澳大利亚而言最具脆弱性的产业供应链。按报告分析可知，澳大利亚目前虽有部分产业供应链有依赖脆弱性进口产品的情形，但在绝大多数情形下这些进口产品并未用于澳大利亚必要产业，或虽用于澳大利亚必要产业但可能不具关键性，故澳大利亚现行供应链具相当韧性而尚无具体风险。其次，该项报告提出澳大利亚企业及政府对于供应链风险管理的建议策略，企业可按供应链中断与产品供应中断的性质，采取如不作为、建立库存、增加供应商多样化、与替代供应商建立弹性契约及提升国内生产能力等回应对策。

另外，该份报告对于脆弱性供应链的分析架构相当重要。近期仅欧盟于 2021 年 5 月发布的《战略依赖关系及产能》工作文件亦采取类似分析架构，利用贸易数据与专家意见对欧盟产业进行分析，并依据进口依存度及产业政策目标而列出原材料、原料药、锂电池、氢、半导体以及云端与边缘运算共六大战略领域。相较之下，澳大利亚分析架构聚焦于该国产业对进口产品的依赖程度，而未依澳大利亚产业发展政策目标而优先纳入该国的关键产业类别，故其分析方式及结果仍有一定局限性。尽管如此，目前世界上采取类似分析方式的国家并不多见，故澳大利亚此项报告所提出的供应链分析架构及其后续风险管理建议仍相当重要，值得我国政府在供应链风险评估及管理机制时参考借鉴。

第七节 非洲

从1960年迄今，为消除区域内各国关税及非关税障碍，加大非洲各国在社会、文化、政治、科技与外交等各领域的合作，非洲国家开始着手推动区域经济整合组织的成立，近年来整合脚步加快，目前共计有16个相关区域整合组织成立，2018年3月"建立非洲大陆自由贸易区协定"的签订更标志着全非洲单一货品与服务市场建立的重要里程碑。

一、非洲区域经济整合的发展背景

目前非洲区域经济整合的相关组织包括：南部非洲关税同盟（Southern African Customs Union, SACU）、东非共同体（East African Community, EAC）、马诺河联盟（Mano River Union, MRU）、西非经济共同体（Economic Community of West African States, ECOWAS）、大湖经济共同体（Economic Community of the Great Lakes Countries, ECGLC）、中非经济共同体（Economic Community of Central African States, ECCAS）、印度洋委员会（Indian Ocean Commission, IOC）、东非政府间发展组织（Inter-Governmental Authority on Development, IGAD）、阿拉伯马格瑞布联盟（Arab Maghreb Union, AMU）、南非发展共同体（Southern African Development Community, SADC）、西非经济货币联盟（West

African Economic and Monetary Union，WAEMU）、中非经济及货币共同体（Central African Economic and Monetary Community，CEMAC）、东南非共同市场（Common Market for Eastern & Southern Africa，COMESA）、撒哈拉沙漠国家共同体（Community of Sahel-Saharan States，CEN-SAD）、三方自由贸易区协定（COMESA-EAC-SADC Tripartite FTA，TFTA）与建立非洲大陆自由贸易区协定（Agreement Establishing the African Continental Free Trade Area，AfCFTA）等。

其中，1967年首次成立的东非共同体因成员之间的政治分歧和经济冲突，于1977年宣告解散，直至2001年再次成立。目前东非共同体已达成自由贸易区和关税同盟的进程，2008年起成员开始就货币同盟进行磋商，2013年签署一项关于货币同盟计划之协定，期望能在十年内启动，以实现社会、经济和政治一体化之目标。

与东非共同体（EAC）整合程度相当的为1975年成立的西非经济共同体（ECOWAS），而于1994年成立的西非经济货币联盟（WAEMU）是由8个西非经济共同体成员所成立之次集团，即贝宁、布基纳法索、科特迪瓦、几内亚比绍、马里、尼日尔、塞内加尔、多哥等，该次集团为关税与货币同盟，使用西非国家中央银行发行的西非法郎。其中除佛得角外，其余的西非经济共同体成员于2000年成立西非货币区，计划使用Eco作为货币。

南非发展共同体（SADC）成立于1992年，并于2008年成立自由贸易区，15个成员中仅有安哥拉和刚果民主共和国尚未加入该自由贸易区。而根据"南非发展共同体的区域性指导战略发展计划"，推动关税同盟为该自由贸易区下一阶段的整合目标，但目前仍尚未达成。与南非发展共同体情形类似的是1994年成立之东南非共同市场和2015年签订的三方自由贸易区协定。东南非共同市场于2009

年启动关税同盟，各成员同意以三年作为过渡期，逐步推动关税管理条例、共同对外关税及海关进口税则的一致。原计划于 2012 年前实现关税同盟，然即使再次将过渡期推迟至 2014 年，至今仍未实现关税同盟。

1994 年成立的中非经济及货币共同体为目前非洲地区经济整合程度较高的组织，此区域化进程最早可追溯至 1910 年殖民时期，当时法国为管理中非领土建立法属赤道非洲（Federation of Equatorial French Africa，AEF），尽管 AEF 于 1958 年因成员实现半自治而解散，但在 20 世纪 60 年代相关国家又开启区域合作的想法，并于 1964 年成立中非关税及经济联盟（Central African Customs and Economic Union，UDEAC），但因缺乏约束性承诺而运作不佳。后续直至 1994 年在非洲大陆区域化趋势的影响下，成员为区域合作提供新动力，因而成立中非经济及货币共同体，并于 2000 年成为自由贸易区，但目前仍存在部分关税及非关税贸易障碍。在货币方面，中部非洲国家银行为中非经济及货币共同体的中央银行，发行中非金融合作法郎，成为赤道几内亚、刚果、加蓬、喀麦隆、乍得与中非共和国 6 国的官方货币。

目前建立的非洲大陆自由贸易区协定是非洲最新、且规模最大的自由贸易协定。2018 年 3 月非洲联盟 55 个成员中有高达 44 国的领导人签订 Af CFTA 协定，至 2018 年 7 月包括南非、塞拉利昂、莱索托、布隆迪与纳米比亚等五国亦加入该协定，使其成员扩增为 49 个。截至 2018 年 7 月，已有包括六个非洲国家批准该协定。Af CFTA 旨在建立单一货品和服务市场，并促进人员和投资之自由流动，以深化非洲大陆的经济整合，实现"非洲联盟 2063 年议程"，建立"整合、繁荣与和平非洲"的目标。基本上，Af CFTA 协定系自 1995 年 WTO 成立以来，最大的自由贸易区，未来若能涵盖非洲联盟 55 个成员将形成人口达 12 亿，经济规模达 2.5 兆美元的单一市场。

AfCFTA 协定主要内容可分为：货品贸易议定书、服务贸易议定书与争端解决规则与程序议定书三部分。未来第二阶段谈判将进一步就知识产权、投资与竞争政策议题进行协商。根据非洲进出口银行的评估显示，在所有参与成员均能消除关税的情况下，AfCFTA 协定生效实施后将可使该协定成员总体国内生产总值增长 0.65%，增加总体经济福利金额约达 36 亿美元；整体协定成员出口金额可增加 2.94%、进口金额增加 3.31%。然而若各协定成员能够消除所有关税并同时降低非关税贸易障碍，则 AfCFTA 协定成员总体 GDP 将可进一步提升 3.15%，且其所增加的总体经济福利可达 179.569 亿美元；整体协定成员出口与进口金额则分别可增加 5.23% 与 6.59%，其经济增长潜力与商机可期。

二、非洲区域经济整合发展对非洲经贸的可能影响

自 20 世纪 60 年代以来，非洲陆续出现诸多区域整合组织，其成立目的除希望通过消除成员彼此贸易的关税与非关税障碍，为各成员创造有利的产业及贸易发展条件，亦同时期盼将合作领域扩展至社会、文化、政治、科技与外交等各层面，并借此制定共同政策以促进区域发展。

（一）提升区域经济整合国家之间的贸易往来

非洲联盟贸易暨工业委员会委员阿尔伯特·穆昌加指出，目前非洲大陆内企业平均关税为 6.1%，这是内陆贸易无法更加紧密的关键原因。非洲各国之间的贸易远低于与其他非洲以外之国家的贸易。

2016年，非洲国家对区域内的出口额仅占总出口额的18%，而亚洲国家或欧洲国家对区域内之出口额占比则分别为59%和69%。Af CFTA将逐步取消非洲内部贸易关税，各国预计将削减90%商品的关税，并增加国内服务提供者市场准入之指导原则，以及跨境便捷化和海关合作之规定。根据联合国非洲经济委员会估计，Af CFTA在消除关税后区域内之贸易将可增加至52%，在降低非关税贸易障碍后亦将加倍增长。

（二）促进区域经济整合国家的贸易多样化及就业率

非洲贸易政策中心研究员杰米·麦克劳德指出，随着建立非洲自由贸易区，将有助于提升非洲国家之间的贸易多样化，因此对非洲的发展更有帮助。长期以来，可促进非洲内部之贸易增长、吸引更多外商直接投资以及有助于非洲大陆工业化。非洲迫切需要工业发展，目前制造业平均仅占非洲国内生产总值约10%，远低于其他发展中地区。该协定将能缩小此一差距，而制造业也将带来更多的就业机会，特别是对年轻人而言，将有助于减轻贫困。

（三）使中小企业更易参与区域及国际市场供应链

中小企业为非洲经济增长之关键，约占非洲企业总数的80%。许多中小企业在未实施Af CFTA前，受限于国内市场规模较小，因而增长的可能性较低，且另一方面，因缺少关税与非关税之优惠措施，这些中小企业也不易打入更先进的海外市场。但随着实施Af CFTA之后，这些中小企业将能通过区域市场作为未来进军海外市场的垫脚石，也更易于供应物品给区域内从事出口的大型公司。

（四）辅导较为弱势的非正式跨境商贩进入正式贸易体系

非洲许多负责家庭生计的微中小型商贩在目前的商业运作之下系属弱势群体，而其中妇女约占非正式跨境商贩人数的70%。由于此种非正式跨境交易形式常因不符合正式贸易规范而被视为非法，且从事此行业者（特别是妇女）较易遭受暴力侵害、骚扰、没收货品或坐牢等情况。但上述情况将在实施 AfCFTA 之后获得改善，因为在降低关税之后，非正式商贩将更有能力透过正式渠道进行贸易，并获得更多保护。未来非洲地区在简化小型贸易商之贸易体制后，将进一步增强这一好处。例如东南非共同市场在推动简化贸易体制配合降低关税采取简化通关程序后，即对小规模贸易商提供特别帮助，为小型贸易商等弱势团体的贸易带来正面影响。

（五）内陆国的贸易成本将有所下降

目前非洲内陆国对外贸易常面临较高货运成本及难以预测的转运时间，而实施 AfCFTA 后，相关国家除了降低 90% 商品的关税外，亦包括贸易便利化、转运及关务合作等事项，这些将有助于降低贸易成本，让生产者能更容易进入非洲其他市场，企业亦能因此从其他非洲国家获得更便宜的原材料和中间产品，进一步使消费者获得更便宜的商品。

三、非洲区域经济整合发展对非洲经济的可能挑战

由目前许多针对贸易自由化的实证研究可知，贸易自由化的长期收益最终大于短期调整成本的可能性极高。换言之，诸如 AfCFTA 这类区域经济整合协定，长期而言将为非洲大陆带来经济增长。除了降低贸易成本，使消费者能够以更低廉的价格购买到更多种类的商品，进口原材料和中间投入成本的降低，也将提高下游生产者的竞争力，促进区域价值链的形成。此外，贸易自由化亦将允许企业进入更大的大陆市场，并从规模经济中获益，且竞争压力的上升也将提高公司的效率。尽管 AfCFTA 为非洲大陆带来上述机遇

与效益，但对于公共部门而言，关税收入降低是许多发展中国家最关心的问题。社会安全网成本上升和实施贸易改革所带来的成本，亦为重大公共成本。本文分别以关税收入、就业率及产业发展说明该区域经济整合为非洲经济带来挑战。

首先，虽然在 Af CFTA 消除关税后的区域内贸易可望增加至 52%，但同时会出现关税收入下降的情况，据估计非洲各国的关税收入共约 32 亿至 40 亿美元，但在实施 Af CFTA 之后预期将影响各国家的财政收入，从而为经济体较小或最不发达成员的财政税收带来冲击与压力。

其次，在转换为自由贸易区的过渡期间，由于资源重新分配，可能会出现失业率上升，以及某些行业经济活动减少等形式的调整成本增加。例如，根据尼日利亚制造商协会指出，Af CFTA 将导致该国总体失业率上升，因为该国之制造业发展和生存将因该协定受到威胁。

最后，拥有大型制造业基地的国家可能会因 Af CFTA 享受显著的经济增长和福利收益，其中包含为青年人口提供就业机会和提高经济收入。但较小经济体或不发达国家，其财政收入将可能面临巨大损失以及当地工业发展受到威胁。此外，尼日利亚劳工委员会亦提及，消除 90% 商品的关税将使大量消费品涌入该国，并可能破坏当地市场现况。

综上所述，非洲各国在签订并实施 Af CFTA 的调整成本和过渡期的持续时间将因各成员之经济与财政等条件而异。倘若一国的财政和体制能力不足以应对该协定对劳动力和小企业的不利影响，自由贸易所带来的利益将难以平均分配。因此，Af CFTA 各成员政府势必要尽早采取因应措施，以避免 Af CFTA 带来更严重的贫富差距。目前为达成"非洲联盟 2063 年议程"，深化非洲国家一体化的目标，各成员也考虑以不同的关税减免方式和其他机制应对这些潜在挑战。

第八节　越南

欧盟与越南自2012年6月展开自由贸易协定磋商谈判，双方于2019年6月30日在河内签署《欧盟与越南自由贸易协定》(European Union—Vietnam Free Trade Agreement，EVFTA)和《欧盟与越南投资保障协定》(European Union—Vietnam Investment Protection Agreement，EVIPA)。2020年2月12日，欧洲议会率先批准通过EVFTA，越南国会则是在6月8日通过EVFTA，协定于2020年8月1日生效。而EVIPA除了欧洲议会外，还须欧盟各成员议会审议通过后始得生效。

EVFTA是一份质量高且全面的自贸协定，特别是在货品市场开放方面，最终仅1%税项对越南设有关税配额限制或保有部分从量税，产品包括蛋、大蒜、甜玉米、稻米、鱼罐头、糖、可可粉、酒精、西红柿、黄瓜、朝鲜蓟、南瓜、香蕉、橙、柑橘、柠檬、葡萄、苹果、樱桃、桃子、李子及葡萄汁等敏感农产品和加工食品，以及甘露醇、山梨醇、糊精及其他改质淀粉等七项化学产品。而越南最终也剩1%的税项对欧盟设有关税配额限制或排除降税，采用关税配额的项目包括蛋、糖、烟叶、盐，排除降税项目则是汽车整车产品。

同时，EVFTA协定内容包含投资自由化，双方承诺为企业创造更开放便利的投资环境。就医疗器材和药品产业的发展来看，由于越南当地厂商能量有限，其国内医疗设备和药品需求长期高度仰赖进口，越南政府重视相关产业发展且鼓励外国人投资，而欧盟国家在医疗器材和药品发展方面较为先进，许多大企业拥有先进技术和良好管理能力。新冠肺炎疫情冲击全球产业，引爆防护设备和药品供应链的断链危机，在全球供应链调整之际，EVFTA 有助于强化欧越的经贸联结。近来欧越企业间在医疗设备和药品上的合作实例，预期能带动双方更多贸易和投资往来。

在《欧盟与越南自由贸易协定》生效同时，越南政府自我定位为欧盟的替代生产基地，并寻求在与欧盟新自由贸易协定的基础上扩大对医疗设备和药品的外国投资。其中，越南国内最大企业集团 Vin 集团（Vingroup）于 2020 年 8 月 12 日宣布与爱尔兰医疗设备公司美敦力（Medtronic）建立合作伙伴关系，在越南生产零部件。

Medtronic 公司将购买 VinSmart 和 VinFast Manufacturing and Trading 两家公司所生产的零部件，以满足美国和爱尔兰对人工呼吸器不断增加的需求。对于越南来说，医疗设备是制造业的潜在第三支柱，与汽车和电子产品一样，政府都在努力提高国内公司在全球供应链中的地位。Vingroup 在一份声明中提到，参与复杂的供应链，向 Medtronic 公司提供精密的零部件，不仅肯定了 VinSmart 的生产能力和技术，亦代表 Vingroup 在成为在该区域的工业公司中之领先者道路上迈出重要的一步。

由于新冠肺炎疫情的肆虐，药品生产商的全球供应链被打断，瘫痪了原料药及其化工原料生产国的供应链，令许多在中国投资设厂的欧盟公司考虑将生产基地迁回本国，然而，在欧洲建立医疗设备和药品的生产线的复杂程序将抬高生产成本，利润并不高，因此这为越南带来更多的机会。欧洲商会制药分部的成员正扩大在越南的业务，期望在此进行新的投资。总部位于瑞士的诺华公司于 2020

年 1 月在越南成立了新的法人公司，即越南诺华公司，成为该国首家从代表处办公室转变为本地外资企业的跨国公司。诺华公司表示，计划投资至少 600 万美元，来强化当地的研发能力。英国跨国公司阿斯特捷利康则曾表示，从 2020 年到 2024 年，将在越南投资 2.2 亿美元。

越南政府在 2020 年 7 月制定了一项计划草案，为了在 2030 年前发展其国内保健和医疗行业，以满足国内需求并增加出口，该计划设定了目标，如满足 40% 手术室设备需求，包括与外国企业合资生产的进行麻醉和心肺复苏的设备。越南大约有 200 家公司生产用于抗新冠病毒的产品，例如口罩、手套、护目镜和其他个人防护设备，并计划今年将产能提高 40%，以满足全球需求。

对此，有医疗设备公司提到，虽然已经向越南公司下达了价值数百万美元的大量出口订单，其中包括来自美国政府的直接订单，但由于本地制造商规模小且分散，缺乏有效的控制机制，它们无法完全满足这些要求。

由于已开发经济体的医疗市场受到严格监管，越南制造商还必须解决质量控管的问题，才能参与全球供应链。与先进公司合作，将是达到包括美国食品药物局标准以及欧盟的 CE 标识认证等先进国家认证的关键。

第九节　印太地区

近年来由于新冠肺炎疫情，供应链重组为全球产业界讨论的焦点。在印太地区，日本、澳大利亚、印度提出三边供应链弹性倡议（Supply Chain Resilience Initiative，SCRI），其目的是遏制中国在全球经济中的发展势头,以及解决新冠肺炎疫情暴发所凸显出来的全球供应链过于集中在中国的问题,并减少未来风险事件中对中国产品的过度依赖。

一、日本、澳大利亚、印度启动三边供应链弹性倡议

2020年9月1日,日本、澳大利亚、印度共同提出三边供应链弹性倡议提案,该倡议主要目的是在新冠肺炎疫情之后在印度太平洋重建一个供应链,并重塑该地区跨境生产网络。也就是说,在日本提议之下,其与印度、澳大利亚等国基于过去全球供应链重心过于侧重中国,将计划另组一个没有中国的供应链。目前,三国已于2020年9月1日召开第一次经贸部长视频会议,会议由澳大利亚贸易、旅游及投资部长伯明翰,印度商业和工业部长戈亚尔与日本经济产业大臣条山弘志参与。会后三国部长发出一份联合声明,重申将带头建立一个自由、公平、包容、不歧视、透明、可预测及稳定的贸易和投资环境,并保持市场的开放。

鉴于新冠肺炎疫情危机与近期全球性的经济格局及技术的变化,三国部长强调增强印太地区供应链弹性的必要性与潜力。三国部长认识到印太地区在供应链弹性方面进行区域合作有其迫切性,因此三国部长表示将致力于通过合作方式实现供应链弹性倡议的目标,并指示其国内官员应迅速制定相关计划细节,在2020下半年顺利启动。此外,部长们亦注意到企业及学术界在实现供应链弹性倡议目标中将扮演重要角色。

三国部长呼吁具有上述观点的印太区域其他国家参与倡议。由以上声明内容可以看出日澳印三国期待另组供应链的决心,虽然目前由这份联合声明尚难观察到三国要组成供应链的具体做法,但由

三国部长指示国内官员要制定推动细节,以利于 2020 年下半年开始启动计划来看,三国对于筹组供应链一事似乎相当积极。据了解,SCRI 未来可能持续邀请东盟国家加入,一方面摆脱过去对中国的依赖,同时也想要借助目前美中对抗时间点,取代或分散中国在全球供应链的地位。

二、日本、澳大利亚、印度弹性供应链可能面临的挑战

(一)印度进口的关税壁垒偏高

印度总理莫迪于 2020 年 9 月 3 日在美印战略伙伴关系论坛线上会议表示,新冠肺炎疫情给各国最大的启发,就是在发展全球供应链时,不该将成本作为唯一考量,而是要以信赖为基础。除了地理位置优势外,企业进行供应链布局时亦应将当地市场的政治稳定度纳入评估范围,印度总理莫迪认为印度是符合所有条件的最佳信赖伙伴。由此看来,印度似乎想借由 SCRI 倡议另外打造一个以自己为核心的全球供应链。

然而,必须注意的是印度过去为保护自己国内产业发展,筑起相当高的关税壁垒,使得国外产品难以进入当地市场。2019 年印度平均名目 MFN 关税率为 17.6%,其中农产品名目关税率为 38.8%,工业产品为 14.1%。以贸易加权平均税率而言,印度整体、农业与工业的关税分别为 10.3%、60.7% 与 8%,通常贸易加权平均税率会低于名目平均税率,主因在高税率可能对贸易值有实质的负面影响,贸易量较少,而且大多数名目关税率低或零关税的项目,通常才是进口的主要项目,故依贸易值加权平均后,平均税率会降低。而印度农产品贸易加权平均关税税率反而较高,显示印度农产品之进口大多为高于农产品平均关税的品项。就关税级距观察,印度农产品

有92.1%的税项集中在25%以上的高关税区间，农产品零关税税项的比重仅3.1%。工业产品方面，多数产品关税率位在5%~10%区间，零关税与0%~5%区间之税项比重分别为1.8%及4.8%，显示印度进口工业产品多数仍要面对5%以上的关税障碍。

中国方面，整体名目MFN税率平均为7.6%，农、工产品名目MFN平均税率分别为13.9%与6.5%，以贸易加权平均关税率来看，整体、农产品与工业产品的税率则分别为4.4%、12.5%与3.9%，代表中国无论是整体、农产品或工业产品，进口金额较大者多集中在平均关税以下的产品。就关税级距观察，中国农产品免关税的税项比重为7.2%，0%~5%关税区间税项比重为15.1%，与印度不同的是中国农产品进口税项有一半以上聚集在关税率5%~25%区间，也就是说，关税率5%~10%、10%~15%、15%~25%之税项比重分别为28.5%、21.7%与20%，而关税大于25%之农产品税项比重仅7.2%。工业产品方面，中国多数产品关税率位在10%以下，免关税税项比重为7.4%，0%~5%与5%~10%关税区间之税项比重则分别为25.1%及61.1%，至于中国工业产品税项中仅约6%品项的进口关税大于10%。

综合而言，经比较可知，印度平均关税率较中国高出许多，尤其是在农产品部分，倘印度要参与全球供应链，工业产品的关税税率高低将更显重要。由上述分析不难看出印度与中国在工业产品进口关税结构上存在一些差异，两国虽然工业产品进口有大约六成左右的税项集中在5%~10%区间，但中国有32.5%的产品税项关税率集中在5%以下区间。相较之下，印度却有36.4%的工业产品进口关税高于10%，为印度参与全球供应链的不利因素。

除了关税相对较高，印度也经常针对不同产品调整进口关税，而印度之所以能够不受拘束地调升其国内进口产品的关税税率，主要原因在于印度在加入WTO时，所承诺市场开放的产品税项的涵盖率仅74.3%，因此相较其他国家，印度有更多空间针对保留项目进行关税调整。此外，约束关税是WTO市场开放中最低应尽的义务，WTO会员在调升关税时，幅度不得超过约束关税的承诺。然而印度相较其他国家约束税率较高，且通常与执行税率之间存在很大差异，使得印度得以利用调整关税税率之手段达到保护国内产业的目的，但关税频繁的改变或调升，对于供应链的形成恐有负面影响。举例而言，印度在其"2020—2021年度政府预算书"中就针对121项产品（包含HS 2位码、4位码、6位码及8位码产品）之进口关税税率进行调整，虽然调整包括税率调升与调降，但预算书清单中多数产品仍属关税调升群组，调高关税的产品类别包括加工食品、化学产品、鞋类、家电、贵金属、机械、其他电子产品、车辆及其零部件、家具、玩具、文具等，这些产品不乏许多零部件，尤其是技术含量较高的产品，像是手机零件与太阳能电池等，都是此次印度预算书中关税调升的对象，而这些产品为全球供应链重要的贸易对象。关税过高将不利于彼此间的中间产品贸易往来，更不用说要与他国建立供应链关系，或取代中国成为亚太供应链的主要力量。

（二）印度海关程序便捷化程度相对较低

相较其他国家而言，印度海关程序便捷程度相对较低。依据2019年全球经济论坛所发布的全球竞争力指数排名，印度边境通关效率这项指标在141个国家中排名第41名，落后于排名第31名的中国。此外，在世界银行公布的2018年物流绩效指数排名中，印度与中国两国在整体海关表现的相对排名亦相当类似（排名越高效率越高），印度排名第40名，而中国则是第31名。最后，在世界银行 2020 年全球经商容易度指数排名中，印度在跨境贸易容易度的排名为第 68 名，落后于中国的第 56 名，其中以进口货物产生的成本来看，印度进口一货柜货物的边境合规与文件合规平均时间分别为 65.3 小时及 19.9 小时，高于中国的 35.7 小时与 12.8 小时。成本花费方面，印度进口一个货柜货物的边境合规与文件合规平均成本分别为 266.1 美元与 100 美元，仍较中国的 241 美元及 77.3 美元高。

此外，印度不仅通关成本较高，其海关程序亦存在许多障碍。根据 USITC 于 2014 年公布的印度《贸易、投资与产业政策：对美国经济之影响》报告，印度海关程序存在海关程序延宕，其海关对估价规则解释的不一致，以及在线海关文件系统不稳定等问题。具体而言，印度海关主要障碍如下：

海关程序延宕。以海关程序延宕而言，在印度海关清关系统下，进口商必须先取得不同主管单位的许可才能提交入境单，然主管单位无法同时处理所有的进口清关文件，导致进口时间延迟，使进口商须额外支付库存费用。此外，印度有 90% 的报关单会出现错误，若像是拼写这种小错误，必须先更正错误，而后才能处理装运，来回至少需要半天的时间来纠正拼写错误，更加恶化通关延迟情况。

海关对估价规则解释的不一致。在海关估价方面，印度海关官员拥有保留、修改或质疑进口商估价方法的权力，而且有权针对进口商的报价进行检视及重新评估。进口商虽可针对印度海关估价之不精确提起诉讼，但其上诉的各个阶段都很漫长，过程旷日持久。

在线海关文件系统不稳定。印度于 2011 年实施印度海关电子商务/电子数据交换系统（ICEGATE），使庞大海关的档案在归纳与整理上获得明显改善，但 USITC（2014）报告仍指出 ICEGATE 系统并不稳定，会出现运作缓慢甚至是无法启用的状况。据悉，超过40%的货运代理商指出ICEGATE系统经常发生故障（至少每周一次），持续时间为一小时到三小时，此将影响到进口商进货时程。此外，印度ICEGATE系统并非完全电子化，进口商针对特定通关文件仍须通过纸本方式进行作业，虽然印度海关在2019年12月启用货物自动化通关系统，但仅运用在3 800家获印度海关经认证的经营者。

（三）印度电机电子产品存在一些技术性非关税障碍

最后，印度政府为推动印度制造，采取一系列保护措施，包括对电机电子产品的强制检验，亦将徒增企业的进口成本。印度进口电机电子产品主要会面临以下限制：

检验时间与过程冗长。近年来印度积极推动印度制造，自2014年始便要求许多进口产品要符合其国内国家标准局（BIS）所定的标准，其中包括行动电源及LED等电子与光学产品。对此，我国厂商表示印度BIS认证之信息及程序不够清楚，且具有检验能力的实验室数量与检验技术能力匮乏，使得相关产品的检验过程相当耗时，进而延误产品流到市面时程，影响到我国电机及电子产品在印度市场的营运。根据调查结果，一般在印度生产的产品申请认证仅须30天，但国外进口产品则要45~60天，企业反映有时候认证申请程序甚至高达8个月以上。

电子与通信产品仅能在印度境内实验室进行登录。印度通信科技部在2012年发布"强制登录命令"，该命令规范无论产品是否已经国际认证实验室测试，均须向经印度BIS认证的实验室进行强制登录，该命令目前涵盖44类电子与通信产品。对此，美国厂商指出庞大的机电电子产品注册登录将使印度有限的实验室数量超出其检验能力所能负荷的范围，造成产品上市延迟，形成非关税障碍。虽然在 2016 年，印度已准许产品通过 BIS 所认可的外国实验室获得认证，但前提是这些国外实验室必须设立在印度境内，亦造成从业者诸多不便。

综上所述，虽然莫迪总理积极希望印度能够取代中国成为下一个世界工厂，但在客观考量其国内关税壁垒过高、通关便捷化程度较低与机电电子产品存在技术性非关税障碍后，固然印度成为全球供应链核心仍有许多努力空间，但由此我们也可以看出日后全球供应链布局的思维将会从成本管控变成风险管控，全球供应链分散式布局将成为新趋势。

我国本就是以贸易为导向，且参与全球供应链程度甚高的经济体，密切关注全球供应链结构改变并积极参与显然是我国产业与世界接轨的关键所在。我国目前具备的产业优势仍有领先的空间，在面对日澳印三国弹性供应链的兴起时，可从创新层面强化本身的优势，检视技术含量较高的产业，包括 5G 通信技术、光学、机械与绿能等关键领域中我国具有独特性的研发项目，并寻找与日本、澳大利亚等先进国家是否有共同研发的合作空间，从而在全球供应链逐渐朝向分散式方向发展时，能在该供应链找到自己的立足点，未来以不同国家间信赖关系为基础所构成的新供应链可能越来越多，我国应密切关注这些供应链的形成，并寻找加入不同供应链的机会，以深化与其他国家的经贸关系，为我国产业争取更多利益。

第八章
绿色供应链发展

第一节 绿色供应链内涵及研究现状

一、绿色供应链内涵

绿色供应链是在供应链中综合考虑环境影响和资源配置效率的现代管理模式，1996 年，美国密歇根州立大学的制造研究协会首次提出绿色供应链的概念，旨在综合环境影响和资源优化来考虑制造业供应链发展的问题。绿色供应链是环境、资源、能源的有效利用和供应链的各个环节的交叉融合，是实现绿色制造和企业可持续发展的重要手段。在人类日益重视环境保护和可持续发展的背景下，由于收到来自政府规制、国际绿色壁垒的压力以及消费者绿色环保意识的逐渐增强，为赢得持续的竞争优势，制造企业长远的选择是积极承担环境责任，采取积极措施投入力量到绿色供应链构建行动中，向市场提供资源节约型和环境友好型的绿色产品，以保持长期的市场竞争力。

二、绿色供应链的研究现状

随着 21 世纪知识经济时代的来临，信息科技的快速进展与成熟发展，颠覆了传统产品制造程序，然而这些崭新概念虽然能够针对旧有产品制造引进新制程或新材料，亦衍生出一些始料未及的问题，包括环境破坏、全球温室效应、自然资源枯竭等。这些问题并非局限于对人类个体健康的危害，甚至涵盖到整体环境生态的污染，其中尤以采用重金属与化学物质的电子废弃物对环境生态的冲击最大。近十年来，由于电子产品生命周期不断缩短且消费市场快速变迁，电子废弃物产量不断增加。因此，除了全球各国政府当局者以及企业主管者必须制定环境相关协定或法规予以规范外，全球电子电机产品的使用者更应该以谨慎的态度来处理信息废弃物，进而促进世界各国、产业、企业甚至是消费者皆能尽到对地球保护的责任，留给子孙后代一个无毒无害的环境。环境污染事件主要归咎于产品制造与生产流程，且产品制造所衍生的环境恶化速度远远超越资源补偿与产品回收再使用等保护措施，因而导致生态系统的破坏以及自然资源的耗尽。

随着全球变暖的日益严重，以及消费者环境保护与绿色消费意识的觉醒，全球主要国家纷纷在环境保护议题抬头的趋势下，以环境保护、可持续发展的名义，制定环境相关协定或法规加强管制，进而构成"技术贸易壁垒"的效果。然而，此举无形的非关税壁垒比高额关税所构成的有形贸易壁垒影响更为广泛且更加难以突破。再者，一向标榜全球环境保护政策与落实工作的欧盟针对电子废弃物对环境的冲击，提出具体的应对措施，包括废电子电机设备、有害物质限用以及能源使用产品的生态化设计等三项指令，并明文规定世界各国与欧盟会员国进行商业贸易时必须遵守欧盟组织所制定的各项指令。在产品设计时，除了考量产品生命周期各阶段对环境的影响以及能源的节约，更严格限制不得使用数种有害物质；在产品价值使用耗尽时，必须负起电子废弃物的回收责任，违者将会受到产品禁止进口、巨额罚款等处罚。回顾绿色供应链课题的实证研究发现，多数研究者聚焦于绿色供应链实施的管理机制以及绩效表现的探讨，很少针对实施绿色供应链相关措施所面临的影响因素进行分析，因而引发本研究探讨的动机；再者，绿色供应链随着全球环境保护意识的觉醒，不论是在实务界或是在学术界，均是一个备受讨论的重要课题，且对以机电产业为产业发展主轴的我国而言，造成相当大的冲击，因而有其探讨的必要性与及时性。

第二节　我国绿色供应链发展

一、我国绿色供应链发展

（一）中央出台的相关文件

"十三五"以来，国家密集出台了《粤港澳大湾区发展规划纲要》《关于积极推进供应链创新与应用的指导意见》《工业绿色发展规划（2016—2020年）》《"无废城市"建设试点工作方案》《绿色制造企业绿色供应链管理导则》等相关政策标准，并配套实施了绿色制造系统整合、绿色制造体系建设示范、供应链创新与应用试点示范等项目，调动起了部分企业的参与热情。从工业和信息化部开展的绿色制造示范工作看，通过四批征集工作，已经有90家企业成为绿色供应链示范企业。

"十四五"时期，我国绿色供应链的建设更是有了长足的进步。2015年，由国务院印发的我国实施制造强国战略第一个10年的行动纲领中，首次明确提出"打造绿色供应链"。随后，《工业绿色发展规划（2016—2020年）》中有10处提及绿色供应链，在发展目标中明确提出"主要产业初步形成绿色供应链"，绿色供应链已成为绿色制造体系中的关键一环。在绿色制造体系创建工程中，其中一项重要内容就是开展绿色供应链示范。为此，工业和信息化部专门印发了《绿色制造工程实施指南（2016—2020年）》《绿色制造2016专项行动实施方案》《关于开展绿色制造体系建设的通知》（以下简称"586号文"）、《关于组织开展绿色制造系统集成工作的通知》等一系列重要文件予以指导和更大力度的推进支持。除了工业主管部门积极推动外，国务院于2017年印发了《关于积极推进供应链创新与应用的指导意见》，2018年商务部、工信部、生态环境部等8部门联合印发《关于开展供应链创新与应用试点的通知》，将构建绿色供应链列为重点任务，引导地方和企业践行绿色发展理念，提升绿色制造水平，实现供应链全程绿色化，促进生态环境质量改善。

（二）引导支持了一批绿色供应链和系统集成示范项目

我国实施的绿色制造工程中的重要一项，就是构建绿色制造体系，打造绿色供应链。"十三五"期间，要在汽车、航空航天、电子电器、通信、大型成套装备机械、纺织服装、建材等行业开展绿色供应链示范。此外，中央财政在2016—2018年开展了绿色制造系统集成工作，重点支持与解决三个问题，其中之一就是绿色供应链上下游协作不充分。绿色制造系统集成项目鼓励供应链上的核心制造企业与供应商、物流商、销售商、终端用户等组成联合体，形成典型行业绿色供应链管理模式和实施路径。

（三）相关部门围绕绿色供应链各环节制定了规范性指导文件

绿色供应链强调全过程闭环，涵盖采购、生产、营销、回收、消费、物流等环节。为了更好推进绿色供应链构建，相关部门围绕绿色供应链各环节，出台了相应的规范性指导文件。

（四）引导绿色供应链建设的标准体系逐步完善

2017年6月，国家标准《绿色制造企业绿色供应链管理导则》（GB/T 33635—2017）正式发布，这是我国首次制定并发布的绿色供应链相关标准。

（五）宣传了一批绿色供应链先进案例

在绿色供应链示范企业创建过程中，一些企业通过积极的探索和实践，逐步形成了具备自身特色的做法，并积累了宝贵的经验。为了方便更多的企业能够借鉴学习，发挥典型企业的示范引领作用，提升企业绿色供应链管理水平，工业和信息化部组织有关单位在电子电器、汽车等重点行业中，选取编制企业绿色供应链管理的典型案例来宣传推广其先进的做法和经验。

二、中国积极融入全球绿色供应链

（一）亚太绿色供应链合作网络

2014年11月11日，第二十二次亚太经合组织（APEC）领导人非正式会议发表《北京纲领》，就亚太经合组织绿色供应链合作网络宣布："同意建立亚太经合组织绿色供应链合作网络""批准在中国天津建立首个亚太经合组织绿色供应链合作网络示范中心"。2015年6月16日，原环境保护部和天津市政府在天津滨海新区于家堡金融区共同主办了"亚太经合组织绿色供应链合作网络天津示范中心启动工作会议"，标志着首个APEC绿色供应链示范中心建设工作在天津全面展开。

2017年，亚太经合组织绿色供应链合作网络年会在北京召开，来自美国、英国、墨西哥、澳大利亚、日本及东盟各国的代表参加了年会。APEC供应链合作网络天津示范中心发布了《绿色采购工具可行性研究项目进展报告》《建设领域企业绿色信用评级方法研究报告》等一系列成果，与国内外嘉宾分别围绕"绿色供应链优秀案例分享和合作网络分享""绿色供应链与金融促进基础设施建设"以及"绿色供应链管理和功能评价"进行研讨。

（二）"一带一路"绿色供应链合作平台

2017年，原环境保护部、外交部、发展改革委、商务部联合发布了《关于推进绿色"一带一路"建设的指导意见》（以下简称《意见》）。《意见》专门就"绿色供应链"提出加强绿色供应链管理，推进绿色生产、绿色采购和绿色消费，加强绿色供应链国际合作与示范，带动产业链上下游采取节能环保措施，以市场手段降低生态环境影响。《意见》同时要求加强绿色合作平台建设。

2017年6月，中国—东盟（上海合作组织）环境保护合作中心、美国环保协会等九家机构联合发起"一带一路"绿色供应链合作平台。"一带一路"绿色供应链合作平台是"一带一路"生态环保大数据服务平台的组成部分。合作平台旨在联合国内外合作伙伴共享资源、分享经验、紧密合作、互利共赢，共同推动区域绿色供应链合作，促进沿线国家互联互通与绿色发展。2018年4月27日，"一带一路"绿色供应链合作平台第一次全体会议在北京举行。

第三节 绿色供应链管理

一、供应链管理

供应链管理（Supply Chain Management，SCM）概念起源于20世纪80年代末，主要是企业在全球化竞争压力、经济环境变动及信息科技发展等因素的冲击下，寻求企业间密切合作，以便营造共同竞争优势的竞争工具。就管理内涵而言，供应链与供应链管理在本质上有所差异，前者表示企业跨功能部门间运作程序的整合以及协调合作的策略；后者表示追求企业与合作伙伴彼此间的合作效率，以较少的营运成本与产品前置时间作为最佳考量，以获取企业营运的竞争优势。然而历经20多年的演进，在现今知识经济时代中，供应链管理涵盖范围更为广泛，不仅涉及原材料的采购、产品制造、半成品组装、产品配送等，其实质影响层面则涵盖原材料采购到将配送产品运送给最终消费者的售后服务等。

早期企业要与合作伙伴进行信息互动时，皆无法减少资料在作业过程中重复输入的人力资源耗费以及错误发生的概率，鉴于此，电子资料交换将可增加信息透明度以及降低交易成本，进而减少上述障碍的发生。

企业推行供应链管理受到物流环境变迁的影响，包括：

时间压缩。在产品生命周期缩短、顾客要求及时交货以及产品替代性高的时间压力下，企业必须整合与协调其研发、制造、营销等功能，促使产品能够在最短时间内配送至顾客手中。

企业整合。为协调与互补合作伙伴彼此间不同的资源，将整体供应链效益最大化，则需要一套完整且详尽的供应链管理方式。

产业全球化。由于全球自由贸易市场的开放，产品获利与损失的差别往往来自全球通路最佳化程度。因此，企业必须根据全球不同竞争市场，发展具备差异性的物流策略。

顾客需求多样化。在顾客导向市场上，企业为追求无形的良好商誉以及有形的利润，就必须重视顾客端的需求与知觉价值，并提供顾客满意的各项服务，进而替企业营造出更多的附加价值。传统供应链是单向的整合性制造流程，供应链是把供应链伙伴（诸如原物料供应商、制造商、配销商以及零售商等）所负责的各个流程予以整合，从原材料购买到最终完成品，再将最终产品运送给最终消费者的过程。

供应链管理是从最终消费者到原始供应商间主要商业流程的整合，其目的是为提高产品、服务、信息的附加价值，更进一步提出供应链管理核心流程架构，其包含八个流程。一是顾客关系管理，表示确认目标市场的关键顾客群，以拟定发展计划及达成计划；二是顾客服务管理，表示提供顾客实时信息，负责服务的协定；三是需求管理，表示平衡顾客需求与厂商的供应产能；四是订单管理，表示对顾客订单能够提供正确与及时的运送，用以达到顾客的需求；五是制造流程管理，表示制造出顾客需要的产品，使得厂商制造过程更具有弹性空间；六是采购，表示对新产品研发以及支持制造流程管理过程；七是产品发展以及商业化，表示整合关键消费者以及供应商在产品发展的过程，为了缩短产品上市的时间；八是产品回收流程，表示退货过程管理，让厂商能够发现生产上需要改进的机会，使其帮助厂商达到一个可维持的竞争优势。

供应链管理的核心目的就是将供应链管理中各个价值活动的联结予以最佳化。在供应链中，材料和信息能够由上往下流动，亦可由下往上流动,且认为供应链管理是各阶段信息、产品和资金流的动态链,或视为由一连串的上游供应商和下游的顾客所联结的环相互链结而成。从企业彼此间的整合观点而论,供应链表示供应商到最终消费者间,每一个环节的完整组合,进而联结企业与供应链伙伴的生产资源,促进供应链成为具有高度竞争力的供应系统。

综合上述,关于供应链管理的探讨,其概念发展至今已经相当完善,早期由于缺乏信息透明与低度同步化,因而造成供应链成员观念、思想与行动无法一致,且容易导致信息扭曲化,亦产生假性需求使得供应链终端至前端全面性存货过量,造成长鞭效应的产生。2000年以后进入了顾客导向的知识经济时代,在信息科技日益进步的推动下,现今的供应链管理发展重点开始着重于供应链伙伴共同创造利润与竞争优势,强调供应链体系中的上游供应商与下游顾客进行资源的分享与运用,通过有效率的沟通与合作,消除过剩存货、提高顾客服务水准、降低市场风险、减轻资产持有风险等。

二、绿色供应链管理

绿色是指在生产、使用及回收产品时,使用较少的地球资源及不造成环境污染,绿色供应链即在生产过程中将环境冲击的因素纳入考量,基于市场对绿色环保产品的需求及世界各国政府相继制定的环境法规标准,因而驱使企业去研发设计环保产品。绿色供应链以环境为诉求,将资源、能源消耗及环境污染降到最低,生产对环境友善化的绿色产品,但必须依赖于供应链成员的相互合作。绿色供应链管理包含企业内部环境管理与绿色供应商两个部分,其管理目标包括提升制程、改善有害物质的使用、要求供应商所提供的物料必须符合环保法规标准,以及和供应商共同开发新的制程或有利于改善环境绩效之策略。

企业在实施绿色供应链管理时,必须考虑五个方面:一是内部环境管理,例如高层主管的支持及生产环保产品;二是生态化设计,例如设计对环境无害且可减少物料与资源消耗的产品;三是绿色采购,例如审核供应商内部环境管理,以确保使用环保材料进行生产;四是投资回收,例如未售出的原料或库存可进行回收再利用;五是与客户协同合作以达到环境的诉求,例如与客户协同合作生态化设计与产品绿色包装。随着欧盟环保指令日趋严格,国内外科技大厂纷纷制订绿色供应链管理规范,以研发生产绿色环保产品为目标,并期望通过绿色供应链管理,有效提升产品绿色竞争力。

环境问题伴随着工业文明的进步与时俱增,生产者的责任已逐渐由生产制造过程的管制延伸到产品的使用,甚至到回收废弃物处理的层面,生产者必须对产品的整个生命周期负责,即为"延伸生产者责任"(Extended Producer Responsibility,EPR)。近年来,EPR已引起世界各国的关注,而且EPR的概念也成为绿色供应链的一部分。EPR的政策重点在于将废弃物管理的责任延伸到上游生产者,并要求生产者将环境化设计的理念整合到产品设计阶段。产品以简单、容易拆解为设计准则,通过执行环境友善化设计来落实EPR制度。目前各国政府为了鼓励生产者设计环境友善化产品,积极利用各种经济诱因工具,以使企业确实尽到生产者的责任。由生产者自行回收产品可促使生产者主动改变产品设计,且环境友善化设计可减少材料的使用,并可提升企业绿色竞争力。

在供应链体系中,为了达到通路利润最大化或成本最小化,使通路间各个成员皆能有效率地相互配合,产生许多通路协调机制,包括寄售合约、营收分享、数量折扣、价格折扣等。在寄售合约与营收分享下，制造商拥有产品的所有权，产品零售价格也由制造商决定。当产品售出之后，零售商再依合约的内容，以每单位产品的零售价格抽取营收比例后，再将剩余的营收交给制造商，且产品售出后才有资金的流动，证明在寄售合约与营收分享之下，通路绩效会因需求的价格弹性及零售商的通路成本而受到影响。将营收分享合约应用于单一供应商及单一零售商的通路结构中，可达成通路协调，且营收分享合约的通路绩效高于传统合约的通路绩效。

三、绿色供应链影响要素

一是国际公约。经济蓬勃发展，各种环境破坏事件层出不穷。以企业营运层面而论，积极主动遵守国际公约的精神，一来可以提高与国际大厂彼此间贸易往来的机会；二来亦可获得竞争对手的尊重、供应链伙伴的信任、顾客的肯定与正面认同的评价。对我国政府而言，当务之急乃是制定相关法令，强制约束制造、电子、电机、纺织等产业在产品设计、生产、制造、加工、配送等阶段杜绝有害物质的使用，以及劣质产品的制造。

二是绿色概念。简单地说就是以清洁生产为出发点，包括绿色营销、绿色采购、绿色设计或绿色生产等，但其首要任务是绿色材料的使用。企业在选择制造产品的材料时，必须自我约束并选择符合环境管理精神的原物料，避免为了降低产品制造成本，而选择来源不明、质量良莠不齐的材料。

三是企业社会责任。如何判定该企业确实已落实社会责任？以现今的趋势而言，观察该企业是否有"环境报告书"即可窥探一二。此外，企业营运除了追求利润之外，关键在于提供顾客安全的绿色产品以及建立良好的绿色形象。在日益受到重视的环境保护课题下，诸多国际大厂为了应对产品生命周期带给环境的冲击，纷纷凭借实施绿色供应链管理相关措施，达到环境保护与经济发展的双重目标，如内部环境管理、绿色采购、协同合作、再投资以及环境化设计等措施。

四是供应链伙伴。现今供应链管理发展已经演进到垂直整合导向，且强调供应链体系中的上游供应商与下游顾客进行资源的分享与运用，通过有效率的沟通与合作，消除过剩存货、提高顾客服务水平、降低市场风险、减轻资产持有风险等。因此，不论是合约的规范或是长久的合作默契实施环保措施（诸如减量、再使用、再循环、再制造以及处理的选择方案），其目的都是着重供应链伙伴共同创造利润与竞争优势。

五是企业绿色机制。环境污染涵盖自然资源的不当使用、水与空气的污染、固体废弃物的污染等。因此，企业管理者经营企业时，必须考虑企业相关管理机制、消费者以及道德立场等观点。综观全球环境现况及其恶化程度，建立一套缜密且周详的环境保护管理制度，约束企业内部的组织成员、供应链伙伴，甚至是外包厂商等，以便切实进行绿色采购。使用绿色材料经由绿色制造以及绿色生产，接着通过绿色营销吸引消费者购买企业的绿色产品，进而提供良好的绿色回收系统，将仍有利用价值的组件加以再利用。总之，企业构建这一整套的绿色产品制造系统，其目的就是减少自然资源的消耗以及环境污染的发生。

六是环保认证。国际标准化组织（ISO）为了应对更急迫的环境规范、法令以及环境管理机制等，以环境管理为出发点，已经制定出一系列标准。在诸多ISO国际认证当中，目前已有越来越多的企业通过 ISO14001 环境管理体系认证，并且开始要求其供应链伙伴也必须通过环境管理体系认证，否则将拒绝接受其所生产的产品。因此，企业为达到环境保护与经济发展的双赢目标，取得 ISO14001 环境管理体系认证，已是必要条件之一。

四、相关政策建议

（一）各地应纠正差别化的绿色供应链资金奖励政策

建议各地对现有绿色制造体系资金奖励政策进行评估，对获得认定的绿色供应链管理示范企业和绿色工厂给以平等的资金奖励政策。同时，要认识到由于绿色供应链创建涉及链上的多环节、多主体，企业创建难度更大，且绿色供应链对推动行业和区域绿色发展的意义重大，因而应给予创建绿色供应链的企业更多的支持，引导本地区企业积极参与到绿色供应链建设的工作中来。

（二）核心企业要切实起到供应链上的引领带动作用

核心企业要切实发挥引领带动作用，树立积极推动行业绿色发展的社会责任感，与供应商之间加强更深层次的合作，将围绕产品提质升级的相关培训、技术指导与支持等稳固强化绿色伙伴关系的措施常态化。与供应商形成稳定的战略合作关系，建立合作研发、培训等长效伙伴机制，推动供应链上企业绿色化。

（三）健全完善政府采购政策

针对当前政府采购政策滞后于绿色制造体系建设进度的突出问题，建议进一步完善政府采购政策，抓紧制定绿色采购更高层级法律或条例，对绿色采购的份额、流程、比例等进行明确，尤其是和"十四五"期间绿色制造体系中的绿色供应链、绿色产品接轨，使政府采购对绿色供应链正向激励作用得以充分发挥。

（四）中小企业加大低碳减排力度

避免增加碳排放，广泛使用智慧能源。减少既有碳排放，寻找替代方案，改用再生能源、低碳科技产品或服务。对于一些比较简单的项目，包括装设太阳能板、采购电动汽车、升级能耗设备、减少商务旅行、减少办公室垃圾、关灯、植树、调节恒温器、减少食物浪费、教育员工等，中小企业通常可以立即施行。通过引进第三方验证或者是通过外部顾问的咨询辅导，企业可以快速地学习到各式可持续发展框架（例如 GRI、TCFD、CDP、SBTi）或验证（例如 ISO、食品安全 SQF）的相关知识，企业才能把现有的产品和环境安全卫生表现，接轨到行业标准或国际市场。

（五）利用数字科技强化绿色供应链管理

中美贸易摩擦及疫情加速全球供应链重组，但厂商在制造回流或转移生产基地的过程中，常会面临当地劳动力不足及缺乏规模经济的问题。为了解决相关的问题，企业必须加快数字转型，通过实时数据的分析与解读，及工业 4.0、3D 打印等新技术的运用，提高自动化及生产效率，提供快速、弹性、客制化的制造服务。《世界投资报告 2020》指出，自动化可以降低劳动成本，增加规模经济，实现分散流程的重组和回流。数字技术的应用则可以降低生产网络的管理和交易成本，更有效地协调复杂的供应链，并提高中小企业进入全球供应链的机会。另外，疫情后的远距服务可能成为新常态，而这也必须仰赖 AI、AR/VR 等相关技术的应用才能够实现。

第四节　通过区块链技术打造绿色供应链

区块链技术可提高产业供应链的透明度，加速交易流程的数字化并实现合约交易自动化，预计可进一步降低交易成本，并在未来几年内改变商业交易规则。然而，区块链并非一个单项创新技术，而是多个跨领域技术的整合，包括密码学、数学、算法与经济模型，并结合点对点网络关系，利用数理运算逻辑建立信任机制，因此成为一个不需基于双边信任，亦无须仰赖单一中心化机构即能运作的分散式系统。

一、区块链技术作用

区块链演进技术发展大致可分为四个阶段：一是 Blockchain 1.0 阶段：从 2008 年开始最初为数位货币应用，如数位货币与支付系统去中心化；二是 Blockchain 2.0 阶段：2012 年开始出现智慧资产（Smart Assets）、智能契约（Smart Contracts）等货币以外的应用，如市场去中心化，可作货币以外的数字资产转移，如股票、债券；三是 Blockchain 2.5 阶段：2014 年出现金融领域应用、资料层，强调通过代币的应用、分散式账本、资料层区块链，及结合人工智能等金融应用；四是 Blockchain 3.0 阶段：更复杂的智慧契约，此阶段区块链技术广泛应用于政府、医疗、科学、文化与艺术等领域。提升供应链信息透明度及可追溯性，有利于中小企业为其产品协商公平的价格。

中小企业是重要的经济参与者，WTO 调查显示中小企业在全球企业中所占比例超过 90%，在发达和发展中国家的总就业人数中占比达三分之二。然而，中小企业直接参与国际贸易的比例相当低，以销售值来看，WTO 所调取的 25 000 多家发展中国家中小企业的销售值，出口仅占 7.6%，而大型企业该比例则为 14.1%，是中小企业的二倍。

截至 2020 年，中国中小微企业约占全国企业总数的 99.7%，其中小型微型企业占 97.3%，提供城镇就业岗位超过 80%，创造的最终产品和服务相当于国内生产总值的 60%，上缴利税占 50%。中国发明专利的 65%、企业技术创新的 75% 以上和新产品开发的 80% 以上，都是由中小企业完成的。在出口方面，除珠江三角洲、长江三角洲外，大约只占我国进出口贸易总额的 20% 左右，尽管如此，许多中小企业作为大企业出口产品的零部件供应商，亦间接参与国际贸易，在供应链中占据相当重要的一环。

中小企业在国际贸易中的参与度较低受到许多因素影响，归纳各国际组织和政府所调查中小企业参与国际贸易面临的障碍，主要包括：高关税、多种非关税措施、缺乏透明度和海关程序烦琐、难以获取贸易相关信息、难以打入销售网络、缺乏技能和技术、物流和基础建设成本、无法获得足够的贸易融资。无论是发达国家或发展中国家的中小企业均同样面临这些困难，但对发展中国家的小企业和小生产者的影响往往特别显著，区块链技术的应用有助于解决前述部分挑战，且可以成为促进中小企业参与国际贸易强而有力的工具。

（一）解决中小企业贸易融资难题

简单来说，"贸易融资"系指进出口商凭借贸易过程中所产生的交易文件（买卖合约、订单、发票、包装单、提单等），向银行或其他金融机构申请借贷，而银行根据上述文件提供进出口商财务上的协助。以出口为例，企业在接获国际订单时，外销出货往往须先垫付货款，中小企业由于财务实力较不雄厚，为求满足订单就会产生融资的需求，而这样的融资需求，衍生出贸易融资的庞大商机。然而，在取得贸易融资上，中小企业相较于大企业而言，会面临较大的困难。WTO 的调查研究显示，超过一半的中小企业贸易融资需求被拒绝，而跨国企业被拒绝率则仅为 7%；另外，亚洲开发银行亦指出，银行其实不太愿意花钱和精力去进行"认识你的客户"（KYC），特别是对于不太可能产生高利润的潜在客户，而中小企业交易的收益往往较低，加上缺乏清楚的财务和其他相关记录，使得银行难以用传统方法评估其信誉，故不愿意为中小企业提供信用担保。

区块链支持者认为，区块链提供拥有大量无银行账户人口的国家促进金融包容性的机会，针对区块链协助小企业和小生产者获得贸易融资的可行性，以下由三个层面进一步说明。

首先，区块链不可篡改的特性可以使追踪交易及评估企业和个人的信誉变得更为容易。举例来说，在 2017 年 12 月，六家国际企业与银行以及四家金融科技创业公司宣布启动一项利用区块链及科技收集一万名马拉维（Malawi）稻农水稻生产过程的价格、质量和可持续性信息的创新计划，该计划参与者可通过区块链看到二阶和三阶供应商的信息，使供应链的信息透明、可追溯，根据区块链支持的可持续性证据帮助马拉维中小型稻农以优惠条件获得融资。

其次，中小企业常常既没有资源也没有能力处理复杂的流程，应用区块链可以简化申请融资的繁杂程序，达到流程便捷化，不仅解决中小企业的融资缺口，也有助于银行开辟新的收入来源。以欧洲多家银行共同开发建立的区块链平台 we.trade 为例，we.trade 平台可以从任何连接设备登入，通过管理、追踪和保护国内和国际贸易交易，旨在简化所有参与企业的贸易融资流程，特别是小企业。该平台已于 2018 年 7 月完成第一次实际操作，不过目前该平台只有欧洲参与银行及其企业客户才能使用，且仅能在欧盟部分国家使用，we.trade 公司有意将该平台业务扩展至欧洲其他银行以及更远的地区，为更多有金融贸易需求的客户提供服务。此外，由中国人民银行支持及多家银行合作开发的贸易和金融区块链平台"粤港澳大湾区贸易金融区块链平台"，于 2018 年 9 月开始上线试行，在该平台上可进行多种贸易融资活动，并为监管机构提供了贸易金融监管系统，希望有效促进市场信任机制的形成，特别是解决中小企业融资困难的问题，根据参与该平台的银行高层指出，过去中小型企业的贸易融资成本约为 7% 至 8%，通过区块链系统可将成本降至不到 6%。

再次，区块链技术为中小企业开拓了参与国际贸易的可能性，让全球的企业和个人可以直接、点对点进行交易，信任关系无须一定要通过银行的传统贸易融资担保。FastTrackTrade 平台是其中一个例子，该平台利用区块链技术搭建中小企业的数位贸易网络，促进买卖双方的商业交易，并让参与企业可以绕过银行，直接取得各金融科技公司的贸易融资服务。另一个例子是，IBM 在肯尼亚的研究实验室与 Taiga Foods 合作推出供应链融资平台，该平台是一个企业对企业的物流平台，帮助农民将香蕉、西红柿、洋葱和马铃薯销售给肯亚的 2 600 个售货亭，并利用机器学习算法和区块链技术，通过手机将小额贷款服务扩展到小企业。而肯尼亚地区 220 家小型食品零售商在试用该平台 8 周后，试验结果显示客户订单量增加了 30%。

（二）提升供应链信息透明度及可追溯性，有利于中小企业为其产品协商公平的价格

区块链提供了一个机会，使追踪产品来源变得更容易，有助于

发展中国家的小生产者证明其产品的质量及协商公平的价格。举例来说，国际发展及救援非政府组织援助会（Oxfam）于2018年8月宣布开始试用区块链帮助柬埔寨的稻农获得较好的作物价格，由于小农往往缺乏与中间商、贸易商和企业谈判价格和其他条件的权力和信息，援助会希望能提高供应链的透明度和可追溯性，使柬埔寨的稻农能有更好的价格谈判及寻找买家能力。此外，区块链亦有助于帮助小生产者捍卫他们的传统知识和知识产权。

（三）提高出口流程效率、降低交易成本，有助于提升中小企业出口能力

区块链允许所有被授权参与者以完全透明且安全的方式进行实时互动；每笔交易都有时间戳记且不可窜改；区块链上的所有相关人都可以看到，可提升交易的可追溯性；通过智慧合约实现特定流程的自动化等优点，有可能提高出口流程效率，且有助于用更有效的方式管理单一窗口。另外，国际商会预估，WTO贸易便捷化协定（TFA）可以使部分发展中国际经济体的中小企业出口增加达到80%。若能在合理的成本效益下部署区块链将有助于实践TFA，因为区块链可以增进中小企业与海关以及供应链上的消费者和企业的互动，交易成本的下降使中小企业更容易参与国际贸易。

（四）促进中小企业参与政府采购

电子采购被认为是鼓励中小企业参与公共采购招标的有效工具，而区块链技术可以提高招标流程的效率，并降低小型供应商参与政府采购市场的成本。据了解，日本总务省在2017年即开始测试区块链新系统用来处理政府标案，希望通过区块链将各政府承办单位联结起来，彼此共享数据，提高现有招标流程的效率。另外，美国总务署也在积极研究如何应用区块链改进小型供应商（特别是IT业者）

参与政府合约竞标的审查流程，希望建立一套系统简化流程。

二、中小企业应用区块链参与全球贸易的挑战

目前全球约有一半的人口可以连接互联网，这是迈向更具包容性全球信息社会的重要一步。国际电信联盟调查显示，截至2020年底，全球约46.48亿人使用国际网络，其中，发达国家约有80%的人上网，达到饱和水平，发展中国家上网人口比率为45%，仍有很大成长空间。而在全球47个最不发达国家中，网络使用率则仍然相对较低，仅为20%，亦即五分之四的人尚未使用网络。整体来说，过去十年全球ICT的接取和使用持续呈现上升趋势，但若要实现国际电信联盟"连接2030年议程"和联合国"永续发展宽带委员会"的宏大目标，即2023年网络普及率达到70%，2025年达到75%，则需加快增长速度。

此外，令人担忧的是发达国家和发展中国家的频宽差距持续扩大，发展中国家（特别是最不发达国家）不仅网络普及率较低，往往人们使用的电信设备功能较弱且宽带网络速度亦受限。由于电信能力掌握在少数国家手中，如果未来几年内各国没有采取任何措施去解决网络使用和频宽能力方面的双重差距，差距恐怕会继续扩大，影响区块链等先进技术的部署，而没有区块链技术能力者将被排除在外。此风险对中小企业而言不容忽视，原因是中小企业的数位科技采用大多落后于大企业，特别是发展中和最不发达国家的中小企业，他们可能因此无法受益于区块链带来的机会，反而会落后越来越多。

值得注意的是，不同形态的企业所面临的区块链进入障碍大不相同。例如，区块链平台单纯的用户进入障碍较低，通常是受益方，而与平台内部人士（如银行所营运区块链平台的参与银行）直接竞争的企业

则可能面临较高的进入障碍。中小企业通常是用户因此能获益,但他们会发现要成为平台内部人士相当困难。有专家即指出,虽然区块链可以通过促进参与者进入来提升竞争力,但也可能导致很大的勾结,并且不能排除由于网络效应使单一区块链成为主导的可能性,导致竞争力下降及较高的进入障碍,进而对中小企业造成不同程度的影响。

在区块链整合上,现阶段产业界认为可能的努力方向是,持续串接各产业的上下游厂商。区块链的产业串接,必须彼此信息分享、技术分享及知识分享,达成协同合作,对中小企业来说,投入区块链应用会是很大的负担。因此,较可行的区块链推广及串接模式为由资源丰沛的大型企业领导新科技的应用、进行平台建置,并提供技术分享和知识分享,而参与区块链的中小企业则须要做到信息分享,同时中小企业本身亦须先将日常管理信息数字化,才有可能进一步将信息上链,顺利升级产业模式。

综上所述,区块链在解决贸易融资、提升供应链透明度、提高出口流程效率、促进参与政府采购等方面的应用,有助于促进中小企业参与全球贸易。然而中小企业普遍面临缺乏人才、资金和技术的困境,运用外部资源的经验亦相对不足。现阶段中小企业在应用区块链上仍面临许多困难,有赖政府通过相关政策及资源协助,以确保中小企业掌握区块链相关应用机会及商机。

三、中小企业应用区块链改革的措施

在协助中小企业应用区块链参与国际贸易上,建议采取以下措施:

一是举办研讨会及培训课程。在 WTO、RCEP、APEC 等国际多边场域,推动以"区块链、贸易与中小企业"为主题的研讨会及相关培训课程,邀请各会员政府分享其协助中小企业应用区块链参与国际贸易的做法及政策。亦可找具有实务经验的专家和业者担任讲师,针对区块链在贸易上的应用及挑战作说明,相互交流、集思广益突破瓶颈,厘清未来推动工作的关键点与着力点,以进一步协助中小企业能力建构。

二是通过区块链联盟推动以大带小。设立区块链联盟,打造产学研沟通平台,并规划推动法规调适、场域应用、人才培育、国际交流等工作。该联盟可作为帮助中小企业应用及参与区块链的媒合平台,以及人才培训的渠道。

三是提供中小企业资源及引导企业参与区块链联盟。在市场机制下,中小企业拥有的资源有限,碍于成本考量不一定会与拥有技术资源的大企业合作。故建议厘清中小企业所遇到的瓶颈(如资金、技术人才等),提供适当的支援(如对农户、中小企业进行补贴),强化中小企业区块链参与能力;另外在制度标准上,政府可发挥政策推动、完善基础设施的功能,并引导更多企业参与国际区块链联盟。

区块链让全球个人和企业在进行交易上更有效率、更经济、更快速,若中小企业具备参与区块链所需的技术知识,并有充足的网络连线可使用,区块链可降低小企业和小生产者投入国际贸易的障碍,成为推动包容性的强大力量。为确保推动区块链进展具包容性,强化中小企业立足于区域和全球市场的能力,目前看起来"以大带小"是可行的方式,即大企业建置区块链平台,并分享技术和知识,而中小企业则分享信息。不过,由于区块链是一个信息共享的平台,部分企业间可能因竞争关系而不愿主动上传信息或公开其商业机密,故如何设计建构一个好的商业模式机制至关重要,必须确保各参与者实质受益于区块链整合,才可能有效运作。

第九章
逆向供应链建设

逆向供应链的概念可从狭义和广义两个层面理解。狭义的逆向供应链是指对废弃产品的再制造、再生以及物料的回收。广义的逆向供应链除了包含狭义的逆向供应链的基本含义之外，还包括减少使用资源，而通过减少使用资源可以达到废弃物减少的目标，同时还能够使得正向以及逆向的物流更有效率。

第一节　逆向供应链的特点和作用

一、逆向供应链的特点

逆向供应链的实施作用。一方面，可以使得使用后产品及时回收和处置或再利用，能够节约资源，保护环境；另一方面，可以促进绿色设计及制造和产品多生命周期工程的发展。产品回收后要进行分类和拆卸，产品使用后的拆卸问题在拆卸过程中就会暴露出来，这些信息对于绿色设计及制造的研究至关重要。产品及时回收和处置解除了用户对其处置的后顾之忧，使企业具有更好的社会形象，为企业增加了无形资产。

逆向供应链可扩展系统接口。现有的客户关系管理（CRM）、企业资源规划（ERP）和传统的供应链管理系统都没有建立用来处理逆向供应链中复杂过程的功能。逆向供应链与 ERP、CRM 应用系统的集成尤其是与供应链的集成可以形成"密闭式"体系，可以实现对产品整个生命周期的有效管理。

信息捕捉。产品的回收过程实际上也是一种信息的捕捉过程。由于是面对用户回收产品，信息的交流是直接的，用户使用的各种产品的需求量信息、产品实际寿命、质量信息、实际库存量等信息都是实时的。根据产品的回收量、实际寿命、实际库存量等信息可以准确地预测市场需求，从而可以避免在供应链管理中遇到的信息失真与放大效应。

二、逆向供应链作用

在当今以服务营销为主导思想的全球化企业的经营战略中，逆向供应链管理将成为企业竞争新的有力武器。

实施逆向物流活动，必须有逆向物流基本设施、技术和人力资源等方面的投入，表面上看似增加了企业的支出水平。但是，逆向物流服务对供应链的贡献也是多种多样的。

（一）逆向物流满足顾客退货

供应链中的成员所能了解到的顾客信息随着各个环节的传递，越往上走其与顾客的实际感觉可能差别越大。如何及时准确地获得最终消费者对产品的各种态度、意见等信息，实施逆向物流是解决这一问题的有效手段。通过逆向物流活动的实施，及时听取顾客对产品的反馈信息，满足顾客的退货请求，最大化地实现顾客满意。尽管实施逆向物流服务对企业而言是必然趋势，但在现实中企业还将面临两难境地，即在顾客满意与经济效益之间存在两难冲突。通过对消费者与企业之间的博弈分析，证实了企业只有开展真正意义上的逆向物流服务，才能从根本上维护企业自身的利益，而消费者也将因此获得最大的效用价值。企业推行逆向物流服务的积极性越高，给消费者带来的价值也越大，消费者对该企业的产品忠诚度也相应提高，从而形成良性经济型循环，最终使企业的经济效益得以提高。

成功的供应链管理确实能使企业在激烈的市场竞争中，明显地提升企业的核心竞争力。其精髓表现在：以满足顾客的需求为目标，通过供应链内各企业紧密合作，高效地为顾客创造更多附加价值；对企业实体、信息及资金的双向流动做出管理，将传统的推动型供给向拉动型需求转变。逆向物流的出现正是符合这一思想的具体表现之一。无论何时，企业的生存与发展必须依靠供应链上的每个节点，包括其上游供应商和下游顾客，倾听顾客的呼声，满足顾客的退货需求，同时适应时代和社会的发展，建立及时的产品召回制度，使用再生材料以响应环保需求，这些都将成为企业创造战略优势，从而创造新的利润绩效。

（二）提高企业产品质量

逆向物流在促使企业不断改善品质管理体系上具有重要作用。企业在退货中暴露出来的质量问题，可通过逆向物流活动将信息反馈到企业的管理层，以得到及时有效的处置。供应链还可以捕捉到极具价值的库存等产品使用信息，从而避免在供应链管理中遇到的信息失真与放大效应。

（三）从供应链的角度保护原生资源

为了快速发展经济，在没有能力搭建完整供应链的时候，靠低价出卖原材料和能源来进行资金的积累，这是导致资源浪费的因素之一。

从企业来看，通过对废旧产品的回收，可以减少资源的浪费和环境的污染，从而在消费者中塑造了良好的形象。从社会来看，通过逆向供应链的实施，可以节约资源，保护环境，符合我国制造业可持续发展的战略思想。

（四）降低成本

提高物料利用率是企业成本管理的关键环节，传统的物料管理模式只限于企业内部，通过改进产品设计、减少无效浪费等措施来降低材料消耗成本。但结合现代科学技术的快速发展，企业内部的成本已降至最低极限，要想从中获得更多的利润空间，已几乎没有可能。因此，企业必须将战略由内部调整到外部，通过对废旧产品的回收，进行资源的再利用和再循环，极大地降低企业的物料成本。

三、逆向供应链与传统供应链的关系

传统供应链包括从订单的发送和获取、原材料的获得、产品制造到产品分配发放给用户的整个过程，涉及原材料供应者、零部件加工者及标准件供应者、最终产品制造者、产品批发分销商和最终用户，并将他们看成是企业经营的合作伙伴。它应用系统工程统筹规划企业的各种物流、信息流、资金流和工作流，克服各种损失，从而降低整个供应链的成本，以求整体活动的最优化。逆向供应链实际上是现有供应链的逆向反馈过程，二者相互构成一个完整的闭环供应链系统。逆向供应链还包括由于运输损伤及质量问题等原因造成的退货处理、维修和服务等。逆向供应链在信息流程、物理配送流程和资金流程方面都不同于传统供应链。为了管理逆向供应链，需要精密复杂的信息系统。逆向供应链涉及的某些技术有与传统供应链相似的、依赖大量的、复杂的回收产品流程，需要一个独特的系统从回收产品处理过程中获取特殊的、有效的信息。最优化的库存转移和逆向物流等方面都是与传统供应链不同的，传统供应链将产品"推"向用户，逆向供应链直接面对用户对产品进行回收以及提供使用支持。

第二节　供应链环境下的区域逆向物流 ——生态工业园建设

工业在推动人类进步、发展人类文明方面功不可没，但其同时也对环境造成了极大的破坏。对于怎样控制环境污染，长期以来，人们的努力都停留在"治理污染"的思维定式中，末端治理至今仍在工业污染治理领域发挥着重要作用，但效果极其不佳。随着环境的进一步恶化，人们逐渐认识到这种"末端处理"的方法并不能缓解环境恶化的速度，因为这种方法只是实现了环境污染问题在时间和空间的不同范围内转移而已，这并不是根本的环境治理模式。其弊端是它在技术上无法真正消除污染，且容易产生二次污染，在经济上治污成本又有不断提高的趋势。1990年美国用于"三废"处理的费用就高达1 200亿美元，占GDP的2.8%。我国近几年用于"三废"处理的费用仅占GDP的0.6%~0.7%，即便如此，也使得大部分城市和企业不堪重负。因此在末端治理之外，人们一直在寻找新的污染解决思路。在这样的大环境下生态工业应运而生。它把注意力从以往"末端处理"的思维定式中转移到了在污染产生的源头寻找解决方案的思维方向上。从预防开始抓，从生产的开端杜绝污染的产生，而不是等到污染产生后再去治理。近年来，一种新的基于工业生态学理论提出的工业可持续发展模式——生态工业越来越受到关注。工业生态学认为，随着工业的发展，工业系统正逐步进化为一种近乎完全循环的、与自然生态兼容的生态工业系统。生态工业把整个工业系统看作一个生态系统来考虑，认为该系统中的物质、能量和信息的流动与储存不是孤立的关系，而是可以像在生物生态系统中那样循环运行，它们之间相互依赖、相互作用、相互影响，形成复杂的、相互链接的网络系统。另外，理想的生态工业系统应能以完全循环的方式运行，实现"零污染""零排放"。在这种状态下，没有绝对意义上的废料，对某一个部门来说是废料，对另一部门来说却可能是资源。

目前推行生态工业战略的主要模式是生态工业园。生态工业园注重从产业组织和区域经济角度建立以企业间资源（废弃物）循环利用为核心的工业共生系统，这标志着工业可持续发展战略由微观企业层次向更宏观的产业和区域经济层次的推进。

生态工业园区是开展各项物流活动的主要载体，它建立生态工业园区统一规划统一管理，通过逆向物流活动组织的空间集聚，实现逆向物流业务集约化运作与经营，合理利用资源，创造规模效益，为企业实施逆向物流活动降低成本。生态工业园区有助于企业提高生产效益，提高企业的产品或服务质量，降低对资源和能源的消耗，降低企业单独实施逆向物流所需的成本，实现资源与能源的优化配置，减少企业生产对环境造成的污染，有助于绿色产品的开发，提高企业的环保意识与社会责任感。

一、生态工业园的特征

（一）园区内产品之间

生态工业园区内有各种副产物和废物的交换、能量和物质的梯级利用，目标是使一个园区总体的优质资源增值。工业园区利用资源再利用技术、环境工程技术、市场经济机制和工业生态学原理，为企业高效生产提供适当的发展环境。通过环境无害技术，合理、循环地利用环境资源，减少环境不良影响，实现环境与经济的共赢。

（二）园区范围之内

生态工业园并不单纯是环境技术公司或绿色产品公司的集合，而是以形成工业生态系统、构建产业链为原则进行园区企业成员的选择。园区企业相互合作，通过基础设施的共享以及完善的信息交换系统，以供求关系形成网络，而不是单一的副产品或废物交换模式或交换网络。

（三）园区与区域之间

生态工业园与当地社区、区域发展形成良性互动关系，扭转传统工业园区与区域环境的对立形式。在园区的逆向物流系统中，有专门的机构把废旧产品和资源回收进园，将可再次使用的资源与废弃物分别进行加工、处理。对可再次使用的资源二次加工为新产品的原材料，从而提高资源的利用率，对已经没有任何价值的废弃物进行统一的环保处理。

二、生态工业园的现状

目前全世界有超过 60 个生态工业园的项目在规划或建设之中，多数是在西方国家，20 世纪 90 年代以来，生态工业园逐渐在许多国家推广。

（一）发达国家情况

据资料显示，美国从1993年开始有20个城市政府与大公司合作规划建立生态工业园区，其中有两个已经基本建成。1994年，美国环境保护局（EPA）和可持续发展总统委员会（PCSD）指定了四个社区作为工业生态园区的示范点，其中包括马里兰州的巴尔的摩、弗吉尼亚州的查尔斯角、得克萨斯州的布朗斯和田纳西州的恰塔努加。到1997年，已有15个生态工业园在建设与规划中，美国的生态工业园项目涉及生物能源开发、废物处理、清洁工业、固体和液体废物的再循环等多种行业，并且各具特色。

加拿大、荷兰和奥地利也有类似的计划。从1995年以来，生态工业园开始在加拿大安大略省多伦多的波特兰工业园区展开。这一工业区汇集了有着废物和能量交换潜力的多种制造和服务行业。据最近对其共生和能量再循环的一体化生态工业园区可能的研究，加拿大40个工业园区中有9个被认为具备很强的生态工业园发展的可能性。其中涉及的核心工业有蒸汽生产、造纸、包装、化学工业（苯乙烯、聚氯乙烯）、生物燃料、发电、钢铁、石油提炼、水泥等。

（二）发展中国家情况

发展中国家由于工业发展滞后，污染严重，纷纷仿效发达国家规划与建设生态工业园，其中印度、印尼、菲律宾、马来西亚也已启动生态工业园项目。

（三）我国生态工业园建设现状

我国从1999年开始启动生态工业园示范区建设试点工作，2001年8月，中国建立了第一批国家级生态工业园——广西贵糖（制糖）生态工业园区和广东田海生态工业园，通过规划论证的国家生态工业示范园区还有黄兴国家生态示范园区、包头国家生态工业（铝业）示范园区和新疆石河子国家生态工业（造纸）示范园区。其他一些地区正在积极争取被列入国家生态工业园建设示范点。

第三节　逆向供应链建设的具体措施

一、搭建制造业闭环供应链云服务平台

制造业集团运用逆向供应链的运作模式，在集团内部协作的同时，与集团外部再制造企业、回收中心、拆卸中心以及其他资源再利用等企业合作，搭建制造业闭环供应链云服务平台，包括统一用户管理、资源注册、需求发布、服务注册中心、服务优化管理、服务交易管理、服务分类管理、业务信用评估与分析服务平台系统管理等功能，进而构建闭环供应链联盟，对废弃物进行资源化处理和综合利用。

二、建立逆向供应链共享管理系统

建立跨地区的信息实时传输、远程数据访问、数据分布处理和集中处理结合、多个异地局域网连接的逆向供应链信息共享管理系统。通过一系列数据集成服务，将各种服务有效整合，实时、动态地进行逆向供应链服务有关需求信息的数据集成，最后在决策优化机制中制定出逆向供应链各个环节企业的实施策略。

三、加强逆向物流方面的立法措施

在资源循环型的工业中，通过立法，把废旧物品逆向回收利用建成家电业的"静脉产业"（回收产业）和"动脉产业"（原材料的

采集——设计——制造——销售——使用——废弃），向资源循环型的可持续发展社会迈出重要一步。借鉴循环经济发达国家的成功经验，综合运用包括积极规则与消极规则、激励性规则与惩罚性规则、刚性规则与弹性规则等在内的多项规则手段，完善我国现行逆向物流法律制度。

四、加强逆向物流供应链的交流合作

在"一带一路"愿景、RCEP等框架下加强与全球各国逆向物流供应链交流合作，打造"外贸"+"回收"+"再利用"的循环复合型经贸合作模式。以国家层面举办以"逆向供应链"为主题的国际性论坛，邀请全球该领域的专家学者赴会，研究制定"中国逆向供应链"发展报告；以国家智库、大学科研院所为主体，开设逆向供应链的相关研究项目，定期面向地方企业开展培训课程，政府层面辅以资金支持。国家可选定逆向物流供应链的先进企业与典型案例，在全国范围内复制推广。

五、加强行业协会监管

地方政府要大力支持逆向供应链建设工作，结合环境保护、资源利用效率等指标树立政绩评价考核体系，充分发挥环保产业协会作用，制定"行规行约"，规范企业经营行为，严格产品市场准入制度。加快建立再生资源的回收利用体系，在各省试点建立规范的再生能源进口加工园区，制定优惠政策引导国内企业和跨国公司进入电子废弃物循环利用领域。

第三部分
转型与升级

第十章
我国全产业链竞争优势

党的十八大以来，我国产业发展逐步从规模快速增长向质量效益提升转变。十四五规划指出，到 2035 年，我国将在关键核心技术上实现重大突破，进入创新型国家前列，基本实现新型工业化、信息化、城镇化、农业现代化，建成现代化经济体系。

第一节　发展的主要成就

截至目前，我国具有全球最完整、规模最大的产业链体系和强大的生产能力、完善的配套能力，是全球唯一拥有联合国产业分类中所列全部 41 个工业大类、207 个工业中类、666 个工业小类的国家，制造业规模巨大且品类齐全，220 多种工业产品产量居世界第一，连续 12 年成为全球制造业第一大国。

一、由一个贫穷落后的农业国成长为世界第一工业制造大国

新中国成立前，全国只有大约 200 万人从事工业生产，工业总

产值占国民经济总量的 10% 左右，人均 GDP 水平在全球排倒数第 7 位。同时，从工业结构来看，从事一般性生活消费品的手工业产品生产占 70% 左右，主要集中在东部沿海地区，内陆绝大多数地区仍处于落后的农业经济阶段。

（一）产业链迅速发展完善，经济实力显著增强

中华人民共和国成立 70 年来，我国产业链快速发展。制造业增加值从 1952 年（以工业为口径）的 120 亿元增加到 2018 年的 31.4 万亿元。

分阶段看，在"一五"计划期间，优先发展重工业是当时产业发展的基本目标。在苏联的支持下，156 个项目陆续上马，逐步形成了一批钢铁联合企业、汽车制造厂、拖拉机制造厂、重型机器制造厂，形成了一批将在国家工业化进程中长期发挥示范引领作用的大型骨干工业企业，为此后长时期国家工业化发展奠定了初步基础。随后一段时期，国民经济经历了一段曲折发展时期。1978 年，工业总产值相比 1952 年增长 11.1 倍；轻工业总产值增长 6.3 倍，重工业增长 18.4 倍。

改革开放以后，我国经济政策发生重大转变，产业链发展释放了巨大潜力。1992 年我国工业增加值突破 1 万亿元大关，2007 年突破 10 万亿元大关，2012 年突破 20 万亿大关，2018 年突破 30 万亿元大关。与此同时，我国产业链国际影响力发生历史性变化，全面融入全球生产体系，经济规模跃升全球第二。据世界银行数据显示，按现价美元测算，2010 年我国制造业增加值首次超过美国，成为全球制造业第一大国，自此以后连续 12 年稳居世界第一，2021 年我国制造业增加值占世界的份额高达 28%，成为驱动全球工业增长的重要引擎。

（二）市场主体不断壮大，制造能力明显增强

新中国成立初期，我国只能生产纱、布、火柴、肥皂、面粉等少数的日用生活消费品。经过70多年的艰辛努力，市场主体不断壮大。"十三五"时期，我国国有企业、民营企业等各类市场主体快速发展。截至2020年末，我国登记注册市场主体近1.4亿户，比"十二五"时期末增长80.5%；其中，企业4342万户、个体工商户9418.7万户，分别比"十二五"期末增长98.7%和74.2%，2020年《财富》世界500强榜单中，我国133家企业上榜，数量连续两年位居全球第一位。从企业类型看，"十三五"末全国国资系统监管企业资产总额和所有者权益分别为218.3万亿元和71.9万亿元，较"十二五"末分别增长82.1%、80.3%；"十三五"时期，国资系统监管企业营业收入、利润总额年均增长分别为7.4%、10.7%。2020年，92家国有企业进入《财富》世界500强榜单。民营企业在"十三五"时期也取得了长足进步和发展，贡献了50%以上的税收、60%以上的国内生产总值、70%以上的技术创新成果、80%以上的城镇劳动就业和90%以上的企业数量。

产品质量和品质不断提升。"十三五"期间，我国制造业增加值由21.4万亿元增加至26.6万亿元，规模连续11年位居世界首位。"十三五"期间，我国全员劳动生产率（以2015年价格计算）从9.5万元/人增长到2020年的11.8万元/人，在2019年和2020年，全员劳动生产率较国内生产总值增速分别高出0.1和0.2个百分点。新兴产业成为国民收入新增长点，信息传输、软件和信息技术服务业销售收入年均增长21.2%，显著高于全国总体水平。此外，我国企业品牌建设取得了新成就，世界品牌实验室发布的《2020年世界品牌500强榜单》中，我国共有44个品牌入选，跃居世界第四位。

(三)从跟跑到并跑、领跑,产品技术含量明显提升

随着国家经济实力的增强,党的十八大以来,在创新驱动战略的指引下,我国产业链创新能力显著增强。伴随着中国经济进入"新常态",创新驱动不断成为我国产业链供应链转型升级的重要特征。

创新力量不断增强。2014年我国研发人员突破200万人,首次超过美国;2020年我国按折合全时工作量计算为509.2万人年,连续8年位居全球第一位。一批领先团队和创新人才加快涌现,据2020年11月科睿唯安公司公布的2020年全球6167位高被引科学家名单,我国内地上榜人数达770人次,升至世界第二[①]。

研发投入持续增长。"十三五"期间,我国企业研发经费支出年均增长率达到11.3%,2020年为1.86万亿元,占全社会研发经费支出的76.2%。2020年我国是全球《专利合作条约》(PCT)申请量排名第一的国家,达到6.9万件;其中,按企业排名看,华为公司(5464件)连续第四年排名全球第一,全球前20位企业还包括京东方(1892件)、OPPO(1801件)、中兴通讯(1316件)和平安科技(1304件)。1985年至2020年,美国、日本、德国、中国PCT专利申请量全球占比如图10-1所示。欧盟委员会发布的2020年工业企业研发投资2500强显示,我国上榜企业达到536家,仅次于美国,居全球第二位。与此同时,我国企业不断推动科技成果转化应用,服务国民经济发展。"十三五"期间,高技术制造业、装备制造业增加值年均分别增长10.3%、8.4%,明显快于全部规模以上工业增加值。5G规模化应用提速,2020年新建开通5G基站超过60万个,终端连接数突破2亿,实现全国所有地级以上城市覆盖。2020年科技进步贡献率由2015年

---

① http://www.gov.cn/xinwen/2021-08/28/content_5633871.htm.

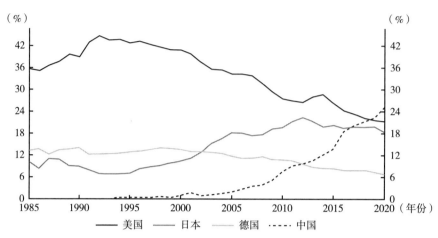

图 10-1　美国、日本、德国、中国 PCT 专利申请量全球占比

资料来源：世界知识产权组织

55.3% 提升至 2020 年 60% 以上。

二、现代工业体系逐步形成，产业结构持续优化升级

新中国成立特别是改革开放以来，我国制定和实施了一系列重大产业政策，对工业经济内部结构进行了多次重大调整，我国现代工业体系逐步形成，产业结构在不断调整中优化升级。

（一）建立了门类比较健全的工业体系，平衡了轻重工业的比重

新中国成立以来，党和政府高度重视工业建设，从"一五"开始就将有限的资源投向重工业部门，为此后工业化发展奠定了初步基础。1978 年，我国工作重心转移到社会主义现代化建设上来，实施了改革开放这一重大决策。其中，对于产业领域重大决策在于调整轻重工业比例关系，推动满足人民需求的轻工业发展。20 世纪 80 年代至 90 年代，纺织食品及其他轻工业快速发展。2001 年加入 WTO 之后，我国依靠劳动力密集型产品出口快速占领国际市场，

为改善国际收支情况、积累外汇储备、推动国内产业发展做出重要贡献。1990年前后，我国轻工业产值比重从改革开放初的43.1%提升到49.4%。与此同时，我国还积极推动企业股份制改革和对国有企业松绑，有效释放市场主体的活力。2001年我国加入WTO，全面融入了国际产业分工体系，非公有制经济快速发展，外资企业快速涌入，为产业链成长提供了广阔的市场空间。党的十八大以来，我国继续推动产业结构升级优化，推出多项措施实现了产业高质量发展。

（二）内需消费牵引作用持续增强

新中国成立初期，重工业优先发展策略要求适当提高积累、节约消费；改革开放之后，各类企业自主发展动力提升，开始了面向满足更多消费需求的转型和发展。从数据上来看，2008年全球金融危机之后，我国最终消费支出年均增速超过8%，总体上远高于世界平均水平、中等偏上收入国家水平（均为2.3%）以及欧元区水平（0.2%），消费对于产业发展的带动作用越发明显。2014—2019年，消费连续5年成为我国经济增长的第一动力；2021年，消费重回拉动经济增长的第一动力，对我国产业链供应链发展提供了巨大支撑。可以说，当前消费升级发展态势更加明显，食品、服装等必需消费品比重不断下降，耐用品消费增长较快，居民消费从实物消费到服务消费延伸，以手机、线上购物等为代表的数字消费快速增长，对于产业发展的影响越发深远。

（三）传统产业加快升级，新兴产业突破性发展

新中国成立后，我国推动大力发展重工业，重工业比重在改革开放前一度超过了55%。特别是加入WTO之后，我国依靠比较优势参与全球经济分工，逐步成为"世界工厂"。在这期间，外资企业、

民营企业蓬勃发展,市场主体活力不断提升,在长三角、珠三角、环渤海湾等地区形成了多个世界级的制造中心,并培育了相应的人才、技术和现代化企业管理制度。党的十八大以来,我国产业链步入转型升级的关键时期。一方面,传统产业,特别是钢铁、水泥、煤炭等领域不断压减过剩产能,提升产业运营效率;另一方面,随着国内市场不断成熟,对于产品高端化、智能化、多样化、个性化需求持续提升,带动国内产业链逐步转型升级和能力提升。与此同时,我国大力发展高技术产业和先进制造业,积极推动战略性新兴产业,新动能加快孕育发展,工业经济不断向中高端迈进。2018年,高技术制造业、装备制造业增加值分别比上年增长11.7%、8.1%,增速快于规模以上工业5.5个和1.9个百分点,占规模以上工业增加值比重分别为13.9%和32.9%。2018年工业战略性新兴产业增加值较上年增长8.9%,增速高于规模以上工业2.7个百分点。

主要代表性产品增势强劲。2018年,新能源汽车产量比上年增长66.2%,生物基化学纤维增长23.5%,智能电视增长17.7%,锂离子电池增长12.9%,集成电路增长9.7%。移动通信、语音识别、第三代核电"华龙一号"、掘进装备等跻身世界前列,集成电路制造、C919大型客机、高档数控机床、大型船舶制造装备等加快追赶国际先进水平,龙门五轴机床、8万吨模锻压力机等装备填补多项国内空白。

(四)智能制造发展取得积极成效

党的十八大以来,我国工业化和信息化深度融合进展加快。一是制造业数字化、网络化、智能化水平持续提升。据工信部材料,截至2018年9月,企业数字化研发设计工具普及率和关键工序数控化率分别达到67.8%和48.5%。二是"互联网+制造业"新模式不断涌现。截至2018年6月,开展网络化协同、服务型制造、个性化定制的企业比例分别达33.7%、24.7%、7.6%。大规模个性化定制在服装、家具等行业加快推广，协同研发制造在汽车、航空、航天等高端制造领域日益兴起。三是工业互联网发展已迈出实质步伐。工业互联网已经广泛应用于石油、石化、钢铁、家电、服装、机械、能源等行业，国内具有一定行业和区域影响力的工业互联网平台总数超过了50家，重点平台平均连接的设备数量达到了59万台。

三、配套完善措施不断丰富，为产业链发展提供保障

产业链发展不是单一的体系，需要与经济社会发展各方面相互促进融通，配套支持体系对于产业链发展的意义重大。

（一）基础设施快速发展

"要致富，先修路"，这个理念不仅在中国，在全球范围内也得到了广泛的认同，基础设施发展在为产业提供完善配套、降低产品交易的物流成本、打破地区保护、促进全国统一大市场的形成等方面，都具有重要意义。我国高度重视基础设施的建设和发展，推出了以交通先行带动经济发展的方针，配套完善了农田水利、邮政通信等一系列基础配套设施的建设。改革开放之后，我国集中建设了一批重大交通基础设施，缓解了交通运输"瓶颈"的制约问题，推动了电力基础设施建设，提升了发电装机容量和电网规模，支持信息通讯基础设施建设。党的十八大以来，我国交通、电力等领域基础设施发展水平稳居世界前列，我国也获得"基建狂魔"的美誉，数字基础设施快速发展，5G移动网络、工业互联网、算力基础设施、充电桩等新型基础设施建设取得突破性进展，为产业转型升级和高质量发展提供了坚实的保障。随着我国企业"走出去"力度不断加大，在高质量共建"一带一路"引领下，六廊六路、多国多港发展快速推进，我国与周边、全球市场互联

互通力度不断加强，也为我国产品和企业更好走出去，带动各国共享中国发展红利提供了支撑。

（二）多层次金融市场快速发展，为产业链提升提供了资金保障

从新中国成立初期到改革开放初，我国产业链发展主要依靠财政资金支持和企业自有资金提升，发展较为缓慢，市场各类主体参与热情相对有限。1978年之后，人民银行从财政部独立出来，四大国有商业银行从人民银行体系中逐步独立，信贷支持产业链发展不断取得突破性进展。20世纪90年代初，随着全国性交易所的挂牌运营，全国性资本市场得到建立并快速发展，各类资金、特别是社会资本可以充分参与到产业链的发展和运行，支持产业资本的持续发展。企业在内源性融资基础上，可以获得银行信贷、债券投资、股权投资、民间借贷、风险资本、国家专项资金等一系列金融资源支持，产业发展的速度和规模得到前所未有的提升。最近几年，风险投资逐步成为产业发展，特别是战略性新兴产业发展的重要支撑，民间双创活动较为活跃，国家产业基金积极支持，各领域社会资本充分参与，"募投管退"全流程不断顺畅，为我国产业链发展和提升带来有力保障。

四、多种经济成分共同发展，经济活力大幅跃升

新中国成立初期至改革开放前，我国工业所有制结构的经济成分基本上是单一的公有制经济。1978年，在全部工业总产值中，国有企业占77.6%，集体企业占22.4%。党的十一届三中全会以后，我们党破除所有制问题上的传统观念束缚，为非公有制经济发展打开了大门，多种所有制经济携手共同发展。

中国企业快速成长，产业能力和竞争力快速提升。从中国企业在财富世界500强榜单变化情况可以看出，近二十年来中国企业竞

争能力快速提升。上榜企业所属国家格局发生显著变化，中国企业快速崛起。1999年拥有上榜企业最多的五个国家分别为美国（184家）、日本（101家）、德国（42家）、英国（40家）和法国（39家）。2020年为中国（133家）、美国（121家）、日本（53家）、法国（31家）和德国（27家）。中国企业优势领域集中在工业、金融和信息技术领域，其中工业领域属于开放竞争性较强。2020年中国上榜企业分布在30个行业，银行、保险、能源和金属产品行业占比较大，前五大行业分别是能源和矿业、金属产品、保险、银行和信息技术服务行业。近五年来，随着阿里巴巴、腾讯等企业的发展，中国互联网和零售行业进步最大，上榜企业增幅达到3.01%。从上榜的制造业企业情况看，中国企业主要集中在金属产品、车辆与零部件、电子电器设备和航空制造业，美国上榜企业数量分布更为均衡，在14个细分领域均有上榜企业，其中航空制造业上榜企业数量最多，占比达到18%。

（一）国有企业在优化调整中发展壮大

1952年，我国国有企业实现利润总额28.2亿元，固定资产原值149亿元。经过建国几十年的努力，特别是改革开放40多年"扩权让利""利改税""承包经营责任制"和"股份制"等艰难探索，国有企业活力、创造力和市场竞争力不断增强。2018年，国有控股工业企业实现利润总额18 583亿元，比1952年增长658倍；2017年固定资产原值309 410亿元，比1952年增长2 076倍。国有企业不断优化战略布局，在关系国民经济命脉的重要行业和关键领域保持主导地位。2018年，在石油天然气开采业和电力生产供应业中，国有控股企业主营业务收入占所在行业的比重分别高达93.2%和91.7%；在石油加工、冶金、有色等重要的原材料工业领域，国有控股工业所占比重在 37.0%~61.1% 之间。国有企业为推进国家的工业化和现代化，做出了巨大贡献。

（二）民营经济和私营企业逐渐成为社会主义市场经济的重要组成部分

我国对非公有制经济的认识及相关政策的制定经历了一个从探索到完善的过程。1982 年，五届全国人大五次会议提出个体经济是社会主义公有制经济的补充；党的十五大提出非公有制经济是我国社会主义市场经济的重要组成部分；党的十六大提出毫不动摇地巩固和发展公有制经济，毫不动摇地鼓励、支持和引导非公有制经济发展；党的十八大进一步提出毫不动摇鼓励、支持、引导非公有制经济发展，保证各种所有制经济依法平等使用生产要素、公平参与市场竞争、同等受到法律保护。私营经济一步步由弱到强、逐步成长壮大。2001 年，规模以上私营工业企业 3.2 万家，占全部规模以上工业企业的比重为 18.9%，资产总计、主营业务收入和利润总额占规模以上工业企业的比重分别为 3.9%、7.7% 和 6.0%。2018 年，私营企业在规模以上工业企业中，数量已超过一半，资产总计、主营业务收入和利润总额占比均超过 20%。民营经济已经成为我国经济社会发展的重要推动力量。

第二节 中国"世界工厂"的地位难以撼动

2020 年初新冠肺炎疫情发生以来，美国进一步加大了同中国经济的脱钩力度，不断动员美国在华投资企业撤离中国，包括日本政府也采取财政支持政策引导其供应链进行调整，一是鼓励关键产业的回流，二是支持部分产业向东南亚转移，大家普遍认为日本这是在迎合美国的意图，企图鼓励日资企业撤离中国。如何看待日本的这一做法，如何积极应对疫情影响下国际产业链的变化和调整这一新的复杂局面，关系到我国如何维系中国作为全球制造中心的地位，以及中国制造在全球市场的竞争力和影响。

分析日本的举措无外乎有三种动因。一是由于受疫情影响，导致部分在华日资企业停工停产而影响到日本的本土企业特别是汽车制造业处于困难的局面。日本为了支持和保护其企业的生产，不得不采取财政支持政策帮助其企业渡过难关，这应视为是短期行为，因为随着我国疫情的好转以及复工复产基本到位后，这种转移和调整未必会真正到位。二是由于日本对华投资面广、量大，中日之间的产业链供应链相互交织，从长远看日本担心会受制于中国制造的发展，为争取主动不得不采取鼓励日资撤离的政策，但这将取决于中国的投资环境。我们有信心有能力维护良好的营商环境，相信作为企业总是要考虑投资回报的。三是出自政治目的或迫于美国的压力而做出的决定，即在中国经济遭受疫情影响的最困难时机，采取釜底抽薪的做法不惜以财政支持的手法帮助日资企业撤离中国。从各方情况判断，日本的这一举措应属于上述第一种情况。所以，有些报道和评论有渲染夸大之意。

中国在应对这次突发的公共卫生事件冲击的过程中，充分体现了党中央、国务院的坚强领导，展现了中国特色社会主义制度的优越性。与此同时，中央不失时机地做出了统筹做好疫情防控和经济社会发展的重大部署，各地各部门正处于复工复产的紧张配置之中，并已取得了明显的效果。可以说在全球疫情大暴发的现阶段，我们在时间上已经赢得了主动，目前中国正在积极参与全球的抗疫斗争并贡献中国的智慧和经验。

我们注意到疫情的发生并没有改变国际经济社会存在的基本矛盾。一是部分发达国家表面上不得不承认中国应对疫情的成功经验,但骨子里又不愿承认中国制度的优越性,所以他们总是从不同的角度寻找中国的失误与瑕疵。从信息的通报到防疫物资的质量,我们总是能听到不少负面的声音,其目的并不是想否定中国抗疫的成就,更主要的是想否定中国制度的优越性。二是疫情期间,中国努力实现的制造能力和供给能力,个别国家不但没有感恩之心,反而报之以羡慕嫉妒恨,并趁疫情的影响对中国经济进行釜底抽薪,在中国抓紧复工复产的关键阶段,他们却在抓紧动员跨国公司撤离中国,甚至不惜以重金刺激,企图改变全球产业链和供应链的格局。历史的经验证明,这些企图是不符合经济社会发展规律的,注定是徒劳的。

从历史上看,全球产业结构调整发生在 20 世纪 70 年代。随着国际贸易的快速发展,跨国公司在国际贸易活动中扮演着重要角色,以跨国公司主导的产业内贸易和产业间贸易形成了一种新的发展态势。他们将越来越多的生产环节通过股权或非股权投资方式分包给分布于世界各地的相关企业,从而使生产分工深入到价值增值的各个链节点上。跨国公司全球化采购模式还使得产品的生产和销售形成了跨区域或跨国界的生产链条,公司内贸易占世界贸易的比重一度高达 60% 以上。这一调整的结果虽使得跨国公司的竞争力和对全球市场的主导能力有所上升,但同时也产生了另一种发达国家所不愿看到的结果。那就是发达国家产业的不断空心化和亚洲新型工业化国家通过承接产业转移形成了新的制造中心的地位,由此伴随而发展的产业内贸易、公司内贸易、产品内贸易、生产要素内贸易等活动进而又强化了全球价值链的分布与发展，而中国在其中不可避免地发挥着不可替代的作用。

当然，当我们为中国作为制造中心的优势地位而充满信心的同时，我们更要清醒地看到我们的不足，认识到中国要巩固和提高在全球价值链合作中的地位和作用还必须付出艰苦的努力。所以我们才要强调加快推进供给侧改革，不断向高质量发展，打造良好的营商环境，加强维护外商在华的合法权益，创造更加有利的投资环境。同时我们还要处理好国际关系的微妙变化和调整，通过对内深化改革和对外实行高水平开放，不断提高中国制造的竞争力和中国在全球价值链调整中的地位和影响力，树立我国在国际事务中的积极作用和良好形象，在国际合作的过程中践行人类命运共同体的理念。

第三节　成功经验总结

新中国成立 70 多年以来，我国产业链发展取得了举世瞩目的成就，被视为"中国奇迹"。国内外学者对于"中国奇迹"的讨论，有的基于新自由主义视角，认为改革开放带来的市场化和私有化改革促成了中国产业链发展的成就；有的比较优势、新结构主义的视角，认为中国产业链发展成就是按照要素禀赋决定的比较优势发展的结果；有的基于新制度主义理论，认为中国产业链的成就来自制度变迁，实现了激励相容；还有的基于社会学、政治经济学等领域视角，认为中央和地方财政分权下，地方 GDP 锦标赛成就了产业链发展奇迹。从不同视角观察中国产业链的发展自然会得出不同的结论，但比较形成共识的内容如下。

一、长期坚持工业化道路不动摇

长期以来，我国坚持走工业化强国的道路。新中国成立初期，积贫积弱的旧中国底子很薄，基本没有成型的工业体系，当时周恩来总理指出，要用三个五年计划或更多一点的时间，基本完成国家工业化。改革开放后，我国积极推进社会主义市场经济建设，同时也坚持推进工业化发展。党的十二大提出要逐步实现四个现代化，其中就包括工业、科学技术的现代化。党的十三大指出，社会主义初级阶段是由农业人口占多数的手工劳动为基础的农业国，逐步变为非农产业人口占多数的现代化的工业国的阶段。党的十四大提出，要加快发展基础工业。党的十五大提出可持续发展战略。党的十六大提出走新型工业化道路，主要是推动工业化与信息化融合、提升产业科技含量、经济效率，促进资源环境的保护。党的十七大进一步提出了"中国特色新型工业化道路"，要求在推动产业发展的同时，更多依靠消费、投资、出口协同发展，推动信息化与工业化融合，促进工业由大变强。党的十八大对中国特色新型工业化做出了进一步的部署，要求推动战略性新兴产业、先进制造业加快发展，促进传统产业转型升级，推动工业化与信息化充分融合、与城镇化良性互动，实现工业发展由数量扩张向质量效益提升转变。党的十八届五中全会提出了创新、协调、绿色、开放、共享的新发展理念，随后提出了《中国制造2025》，明确了在发展道路上，要提高制造业创新能力和基础能力，推进信息技术和制造技术深度融合，培育制造业竞争新优势，建设世界制造强国。党的十九大提出要实现实体经济占比基本稳定，继续坚持推动工业化建设，走制造强国道路。

二、稳步推进改革开放

从发展经济学的视角来看，发展不仅包括经济增长，还包括了比增长更广泛的内容。让中国产业发生翻天覆地的变化，不仅是改革后经济快速发展，关键是认识上的转变和政策的调整。改革开放是我们党的一次伟大觉醒，是决定当代中国前途命运的关键一招，是当代中国大踏步赶上世界的重要法宝，我国实现了从高度集中的计划经济体制到充满活力的社会主义市场经济体制的历史性转变。

改革从农村实行家庭联产承包责任制率先突破，逐步转向城市经济体制改革并全面铺开，到确立社会主义市场经济的改革方向。从兴办深圳等经济特区、开发开放浦东、推动沿海沿边沿江沿线和内陆中心城市对外开放到加入WTO，从"引进来"到"走出去"。我国实现了从高度集中的计划经济体制到充满活力的社会主义市场经济体制、从封闭半封闭到全方位开放的历史性转变，极大解放和发展了生产力，创造了世所罕见的经济快速发展和社会长期稳定两大奇迹，实现了人民生活从温饱不足到全面小康的历史性跨越。

值得注意的是，在释放轻工业发展活力、激发市场主体积极性的同时，我国也高度关注国际新兴产业发展前沿动态。在"八五"计划时期大规模集成电路、微电子、计算机、光纤通信等领域确定为电子工业的发展重点；"九五"计划时期将集成电路、新型元器件、计算机和通信设备确定为电子工业的发展重点。加入WTO之后，我国外部市场空间被打开，企业发展边界进一步扩大，但与此同时，我国也面临着经济总量快速发展，粗放式高速增长模式带来的高投入、高消耗、高污染的约束，先污染后治理的道路在将来难以为继，并对于未来产业如何发展，中国工业化道路如何进行的问题开展了充分的研究和讨论。

围绕当时工业生产运行以及产业发展面临的突出问题，我国开展了供给侧结构性改革，推动"三去一降一补"。2016年钢铁、煤炭产能分别退出6 500万吨以上和2.9亿吨以上，有效化解过剩产能对于产业发展带来的不利影响。推动房地产市场优化发展，坚持"房住不炒"目标，很大程度上遏制了房价过快上涨对于其他产业带来的成本上升。持续推动企业杠杆率下降，2016年末，规模以上工业企业资产负债率为55.8%，比上年下降0.4个百分点。供给侧结构性改革外溢正效应显著，一方面，供给侧结构性改革扎实推进减少了低端供给和无效供给，产能过剩行业市场加速出清，市场供求关系明显改善，企业经营状况好转、效益回升。另一方面，供给侧结构性改革扩大了中高端供给和有效供给，推动新技术、新产业、新产品不断涌现，为经济持续健康发展注入了新的动力，有力支撑市场需求升级和宏观经济企稳。截至目前，我国具有全球最完整、规模最大的工业体系和强大的生产能力、完善的配套能力，是全球唯一拥有联合国产业分类中所列全部41个工业大类、207个工业中类、666个工业小类的国家，制造业规模巨大且品类齐全，220多种工业产品产量居世界第一。工业和信息化部数据显示，2021年我国制造业增加值增长9.8%，两年平均增长6.6%。制造业增加值占GDP比重达到27.4%；制造业增加值规模达到31.4万亿元，连续12年位居世界首位。

三、我国拥有成熟的产业工人队伍

随着新中国的成立，工业化进程开启的同时，也带来了工人队伍的壮大。国家统计局《中国劳动工资统计资料（1949—1985）》显示，1920年全国产业工人仅有194.6万人，1947年仅有226.5万人。新中国成立后，1952年第二产业就业人员达到1 531万人，1978年达到6 945万人，2000年之后基本维持在2亿人左右的规模。城市居民逐步进入工厂劳动，工作组织性纪律性大大提升，逐步接受了现代工业化生产生活方式，工作伦理得到广泛推广，城市大部分人的绝大多数可支配时间、成年后的大部分岁月都是在工作中度过，"生产者社会"模式逐步在新中国生根发芽，为改革开放后全国产业大发展奠定了良好的劳动力基础。1949年到改革开放前第二产业就业人数变化趋势如图10-2所示。

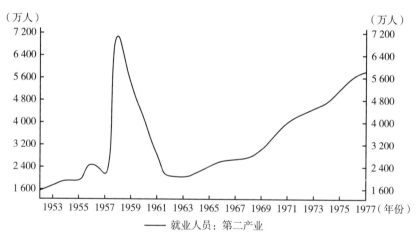

图10-2　1949年到改革开放前第二产业就业人数变化趋势图

资料来源：Wind，统计局

2021年6月，《中国经济学人》期刊针对162位经济学家就"中国百年来取得巨大技术进步的关键原因"进行调研分析，结果显示70%以上的受访经济学家认为其中最关键的成功经验是"实施科教兴国战略，重视教育，积累人力资本"。

1949年之后，我国开始大力推动义务教育，各类人才的培养快速发展。改革开放之后，教育被列为现代化建设的战略重点地位，明确了国家发展必须要依靠教育。随后，对于义务教育、高等教育、职业教育等不同领域推出了一系列改革措施。当前，我国劳动年龄人口平均受教育年限达到10.5年。根据规划，到2022年年底我国主要劳动年龄人口平均受教育年限将提高到11.2年，新增劳动力平均受教育年限将提高到13.5年。

四、稳步推进工业结构转型升级

从一个落后的农业国逐步发展为全球工业体系最完善、工业规模最大的国家，其中一个重要的经验是在不断做"增量"的同时，促进"存量"逐步优化升级。特别是在改革开放以来，中国工业结构逐步摆脱"补齐"的目标，转向"补短"和"做优""做强"。目前，我国具有全球最完整、规模最大的工业体系和强大的生产能力、完善的配套能力。

但是目前，我国产业结构面临的突出问题还依然存在，主要表现在三个方面：一是创新驱动能力比较弱。工业化早期技术追赶上，通过"引进消化吸收再创新"可以实现短期的能力提升，但在目前我国创新投入位居全球第二位，很多未来工业发展的前路需要依靠原始创新，价值链地位提升需要更多原创性的技术支撑。二是结构性短板问题还比较突出。我国许多行业处于低端产能过剩与高端产品有效供给不足并存的局面。供给侧结构性改革推进取得了一些积极的成果，但很多工作还需要持续推进。当年应对2008年全球金融危机的政策后遗症还持续了很长时间，传统产业和当时一些新兴产业，如光伏、风电等，"产能过剩"局面并存。另外，在高端产品方面,《科技日报》梳理出35项"卡脖子"技术和零部件,中国科学院梳理了14项亟须攻关的底层技术以及中国工程院发现的8类风险较高产业,都与我国产业链供应链上游零部件和关键技术有关。三是增长动力转化方面面临一系列问题,主要是产业数字化发展方面的成效还有待显现,绿色转型压力较大等。

对此,在推动产业升级问题上,关键一招仍然是鼓励创新。从改革开放之初,我国一直坚持"科学技术是第一生产力",一直强调对技术和创新的重视。在创新问题上,坚持有效市场和有为政府并举。一方面,持续强化企业创新主体地位,促进各类创新要素向企业集聚。从各国发展实践看,企业创新活动是否活跃、在创新资源配置中是否拥有主导地位,是能否建成创新型国家的必要条件。在这方面,我国坚持推改革,即加强国家科技计划等企业的参与度,鼓励企业承担政府研究课题;强激励,综合运用金融财税措施普惠性支持企业加大研发投入;优环境,不断去弘扬企业家精神,强化竞争政策基础地位,加强知识产权保护,营造公平竞争市场环境,使企业创新投入能得到合理回报。另一方面,也要更好发挥政府的作用,强化国家战略科技力量。从近代以来世界竞争格局的发展情况看,各主要发达国家也在不断强化国家战略科技力量,支持本国科技能力提升。登上世界科技舞台中心的美国、日本、德国,都是依靠国家战略科技力量的支撑。美国通过组建国家实验室,开展基础性、前沿性和战略性的跨学科研究,并从武器研发扩展到能源、信息、材料等重大科学前沿,出现了互联网等诸多颠覆性技术,引领世界科技发展。德国也开展了一系列相似的工作,著名的德国弗劳恩霍夫研究所作为科技与产业的桥梁,其使命就是面向企业和产业需求,组织与整合科技力量进行深度研发,使得科技成果能迅速的转化为市场成熟的产品,为企业界提供先进的技术解决方案(黄奇帆,《结构性改革》)。

五、依托强大国内市场牵引推动产业能力提升

国内市场的成长是产业转型升级的重要基础。20世纪90年代,中国与美国等发达国家同比开展了芯片等领域的研究,当时中国技术水平与发达国家相差不大,而且在很多方面也有一定特色。但由于国内消费水平并没有及时跟上,芯片作为关键中间投入的消费产品价格高、民众接受水平有限,导致该领域并没有实现大规模商业化应用,发展遇到了严重瓶颈。近几年,随着国内经济的发展,中国人均消费水平快速提升,推动我国产业转型升级的要求越来越高,这对于促进产业链发展也具有重要的意义。当前,全球经济仍面临深刻调整,全球产业链供应链重构趋势进一步加强,我国超大规模市场的作用越来越明显。超大规模的市场优势叠加"世界工厂"的制造能力,让更多制造企业重归本土市场,围绕我国市场发展的需求和方向重新设计产品和相关服务。不仅是汽车、日用消费品等传统行业,电子产品、半导体、新能源汽车等新兴领域都在国内市场得到了推广。与此同时,消费发展对于发挥规模经济、带动关键技术能力提升以及为中小企业提供广阔的市场等都具有重要意义。

改革开放以来,扩大中等收入群体以形成强大国内市场、增强我国经济规模优势得到了政府的高度重视,相关成效也非常明显。总体来看,中等收入群体就业稳定,既有消费意愿,又有消费能力,边际消费倾向较高,消费理念和消费文化具有较强的时代性,是购房买车、休闲旅游、优质教育和医疗等中高端产品和服务消费的主力军,

是引领消费需求扩大和消费结构升级的中坚力量、稳定力量。随着我国经济进入了新时期,进一步扩大中等收入群体,对于应对外部市场萎缩、打造内需主导型的自主增长、形成强大国内市场、拉动我国经济结构持续升级的重要性,越来越得到社会各界的广泛共识。

第十一章
整体层面优化国内产业链有所作为

从近期总体发展形势来看,我国产业链发展面临内外部环境的集聚变化,外部不确定、不稳定因素增多,长期高投入、高增长环境下内部发展环境也面临一些长期没有解决的突出矛盾问题。目前,也是我国产业链转型升级的关键时期,如果不能下大力气解决一些长期存在的突出矛盾,未来的发展会受到严重制约。

第一节 内外部环境变化

当前及今后一段时期,国内大市场加速形成,我国产业链转型升级和高质量发展步伐加快,各类企业创新发展动能逐步积聚。从全球范围看,百年未有之大变局加速演变,新冠肺炎疫情影响广泛深远,外部环境不确定、不稳定因素逐步增多,加快培育发展制造业优质企业面临的机遇与挑战并存。

一、国内市场规模持续扩大，完整内需体系不断完善，但供需矛盾等问题持续存在

对于制造业优质企业发展而言，国内市场的优势在于市场规模的不断扩大，主要挑战在于供需匹配问题。

（一）我国经济规模不断扩大、综合国力日益提升、经济发展结构日益优化，内需成为拉动经济发展，特别是促进制造业优质企业发展的主要动力

我国有人口14亿多，人均国内生产总值超过1万美元，城镇化率超过60%，有4亿多中等收入群体，是全球最有潜力的超大规模市场。庞大的市场规模是制造业优质企业发展的坚实基础，是消费优质产品、促进利润积累、推动研发投入、提升企业实力的重要保障。从各国发展经验来看，强大的国内市场发展为各国先进产业、优质企业发展提供了重要支撑。20世纪90年代开始，在美国计算机革命推动下，各相关企业加快发展，当时美国民众消费水平较高，能够为当时相对高端的计算机产品销售提供了稳定的市场支撑。伴随相关产品消费市场扩大，企业规模优势不断放大，利润水平逐步提升，促进了研发投入的增加、优质产品的升级，最终促使美国成为引领新一代信息技术革命发展的领头羊。

（二）国内经济内部循环能力提升，经济发展潜力足、韧性强、回旋空间大、政策工具多，具有全球最完整、规模最大的工业体系和强大的生产能力

目前，我国拥有1亿多市场主体和1.7亿多受过高等教育的各类专业技术人才，具有全球最完善、规模最大的工业体系和强大的生产能力、完善的配套能力，是全球唯一拥有联合国产业分类中所列全部

41个工业大类、207个工业中类、666个工业小类的国家，制造业规模巨大且品类齐全，220多种工业产品产量位居世界第一。在抗击新冠肺炎疫情的过程中，我国各类企业在短时间内迅速完成医疗防护物资和应急物资的生产供应，彰显了我国完备产业体系和产业转换能力的巨大优势。

值得注意的是，当前国民经济发展存在供需不匹配、消费能力制约以及市场体系仍有待完善等问题，给我国制造业优质企业发展带来了挑战。党的十九大报告提出，我国经济发展面临的主要矛盾是人民日益增长的美好生活需要和不平衡不充分的发展之间的矛盾。这一矛盾归根到底仍是供需结构不匹配的问题。从宏观经济情况来看，我国生产能力大而不强，无效和低端供给过剩，中高端供给仍显不足，我国经济运行面临的主要矛盾仍然在供给侧，供给结构不能适应需求结构变化，产品和服务的品种、质量难以满足多层次、多样化市场需求。与此同时，国内经济发展仍面临收入消费能力提升的问题，居民增收面临较大困难，劳动报酬在初次分配中占比偏低，2019年劳动报酬份额约35.1%，低于美国等发达国家（约60%~70%）的份额。消费率持续在50%~60%之间徘徊，不仅低于发达经济体，也低于我国周边在文化和消费观念上与我们接近的亚洲六国（印度、韩国、马来西亚、菲律宾、泰国、越南）。此外，我国居民消费能力的提升还面临收入分配调节力度不够、多层次社会保障体系有待健全，缩小城乡间、地区间、行业间收入差距等仍有待解决的问题。另外，在市场体系完善等方面，国内统一大市场尚不健全，商品、服务、要素流动仍存在一些体制性、机制性障碍，物流网络分布上不均衡、衔接水平不高、智能化程度有待提升，全社会物流总费用占GDP比例在15%左右，与欧美等发达国家10%

以下的占比水平相比，还有进一步发展的空间。

二、全球产业变革方兴未艾，但外部挑战明显增多，各国产业政策内顾化倾向加强

当前及今后一段时期，全球新一轮科技革命正在加速发展，但我国制造业企业发展面临的外部环境却日趋复杂，美欧等发达国家对我国发起贸易摩擦和壁垒明显增多，发展中国家对我国制造业分流压力加大，贸易和投资保护主义抬头。

（一）传统制造模式和企业形态加速变革，世界新一轮科技和产业变革正加速到来

从世界产业发展趋势来看，以新技术为支撑的新兴产业快速成长，全球制造业的产业形态结构、组织方式、发展生态、竞争条件正在加快重塑。从全球发展的趋势来看，复杂技术产品全球分工程度继续提升，多国多企业合作协同，共同研发制造全球最高水平产品的总体趋势没有改变。与此同时，制造业服务化、数字服务产业加速发展，高度全球化的生产性服务业仍在持续增长，借助数字技术，研发全球化、资产管理全球化、生产者服务平台全球化等新的全球化形态和商业模式快速推进。数字技术在非数字部门普及异质性标准和协议来提升价值链模块化程度，使得传统行业更容易通过离岸外包方式实现组织间和区域间协同，从而提升产业生产率。数字技术崛起还促进产业深度融合与全球价值链重构。此外，技术创新的复杂性和不确定性越来越高，创新链的各个环节已难以在一个企业、一个地区乃至一个国家内部完成，需要获取超过本国传统专长的知识基础和创新条件。传统封闭、独立、线性化的研发模式已经不能满足技术创新趋势的要求，研发和创新的组织方式越来越朝

向国际化、开放式、分布式和网络化方向发展，传统企业形态不断打破，技术革新重塑组织反诉，联合上中下游、大中小企业的网络化、全球化创新融通平台正逐步形成。

（二）经济全球化遭遇逆流，美欧为首的发达国家对我国的贸易摩擦和壁垒明显增多，投资贸易保护主义逐步尝到甜头

总体来看，以美国为首的发达国家为维护自身在全球经济和产业上的领先优势，对我国加大了打压遏制，加速在科技领域逐步与我"脱钩"，试图阻遏我国产业升级步伐。

从贸易摩擦情况看，以美国为首的发达国家对我国贸易摩擦数量急剧增加，在传统"双反一保"措施外，打压手法逐步多样化。据中国贸易救济信息网的统计数据显示，1995年至2020年，全球发起贸易救济原审立案累计6888起，其中，2020年共422起，同比增速为45.02%，达1995年以来立案数量的峰值。2000—2020年，全球对我国发起贸易救济原审立案累计1932起，2020年同比增速为30.39%；美国、印度和欧盟对我国发起的贸易救济原审立案数量排名前三，其中，2020年对我国发起的立案数量分别为22起、25起和8起。2020年，美国推出汇率低估补贴政策，直指包括我国在内部分发展中国家汇率问题。另外，美国等发达国家不断以中国新疆问题等对我国发起新一轮贸易限制，先后对我国棉花、番茄酱以及光伏上游产品实施进口限制，未来将进一步扩大限制进口范围。近几年，贸易摩擦对我国部分制造业发展带来近乎毁灭性打击，加征关税幅度往往超过100%以上，导致我国相关产品输入欧美市场面临巨大的成本问题。

从产业链发展情况来看，由于美欧发达国家保护主义政策，全球产业链发展逐步走入"短链化、区域化、本土化"发展进程，产

业链从全球化回缩态势明显，美国等发达国家对我国产业链发展高端环节不断进行精准打压。作为我国通信行业领先企业，华为公司遭遇美国刺激制裁后，上游芯片产品进口受到限制。2020年相关限制令生效后，手机产量和国际市场占有率迅速下滑，第四季度从全球最大手机出货商掉到第六位，对于企业发展带来严重打击。政策层面，美欧等发达国家近期不断加严自身外资安全审查法案，对我国企业、特别是国有企业通过并购方式在当地开展投资合作进行严格审查。新冠肺炎疫情发生后，发达国家先后推出一系列"制造业回流"政策，对重点领域企业在发达国家开展投资进行扶植。美国拜登政府上台后，先后推出了《2021美国创新与竞争法案》等与我国竞争的法案，加大对特定产业的投资和扶持力度，维护其自身领先地位。2021年6月，美国商务部《供应链脆弱性调查报告》推出，主张在半导体、新能源、医药制造以及关键矿物等领域开展投资，促进包括美国企业自身在内的各有关企业回流，实现在美国本土及其盟友间对产业链的"自主可控"，部分大型跨国公司迫于政治压力响应了美国政府的号召。欧盟方面，2020年推出"开发性战略自主"法案、供应链尽职调查法案、补贴白皮书等，主张在重点先进制造等领域提升自主能力，对相关企业全产业链进行包括老工权益、环保等方面的尽职调查力度。2021年7月，欧盟正式出台绿色新政的法案细则，其中要求将在未来开展对钢铁、水泥、铝等六类产品征收碳排放调节关税，拉平欧盟内外相关产品生产的碳排放水平，实现所谓"公平贸易"。

（三）我国制造业发展还面临发展中国家的分流压力

由于当地土地成本、人力成本等相对优势，部分国内制造业低端环节还面临一定程度的"流出压力"，越南、印度等发展中国家对我国"制造业分流"压力不断加大。部分欧美跨国公司主张多元化投资布局，也倾向将产业链实现多国重复布局，保障产品供应安全。

第二节　优先突破的重点领域

我国制造业规模居全球首位，有220多种工业产品产量排世界第一，是全世界唯一拥有全部工业门类的国家，但产业链供应链发展还存在不少短板弱项，主要表现如下。

一、矿产资源为主的初级产品对外依赖度较高

我国是全球最大工业国，初级产品是工业运行的"粮食"和主要动力来源。随着工业化进程加速，国内矿产资源供需形势严峻，人均矿产占有量小、需求和消费量大、国内供应保障能力低、对外依存度和安全风险高的问题长期存在。2020年，石油、天然气、铀、铁、铬、铜、铝土、镍、钴、锂、锆、钾盐等矿产资源对外依存度分别是 73%、43%、70%、82%、90%、83%、60%、85%、97%、70%、85% 和 55%。当前及今后一段时期，国际地缘政治形势以及全球疫情蔓延发展给我国资源供给安全保障带来更多风险和挑战，国际资源主导权争夺加剧，初级产品供应安全保障还将持续面临供给不稳固、外部高风险、价格剧烈震荡等问题，需要引起高度重视。

二、工业领域"卡脖子"技术和零部件问题仍存在

我国产业链供应链目前还存在较多短板弱项，同世界工业强国相比，同高质量发展要求相比，我国产业基础不牢、地基不稳问题

仍相当突出，特别是在核心基础零部件（元器件）、先进基础工艺、关键基础材料、产业技术基础等方面，对西方国家的依存度高，产业基础投入严重不足，许多产业面临"缺芯""少核""弱基"的窘境。《科技日报》梳理了35项"卡脖子"技术和零部件，其中，芯片设计软件、操作系统、航空发动机、大型主机、透射电子显微镜、基因检测仪等存在对美国的单一依赖风险，高端数控机床、光刻机、高端医疗器械、船舶柴油发动机、高端轴承、数控刀具等存在对美盟友单一依赖风险，进口来源容易受美国政府"长臂管辖"干扰。中国科学院对我国基础和前沿技术进行了梳理，发现在生物技术、脑机接口、量子信息和传感技术等14个具体领域存在需要攻克的底层关键技术。中国工程院研究发现集成电路产业的光刻机、通信装备产业的高端芯片、轨道交通装备产业的轴承和运行控制系统、电力装备产业的燃气轮机热部件，以及飞机、汽车等行业的设计和仿真软件等8类产业对外依赖度极高，部分关键技术受制于人。

三、产业链供应链循环运转配套环境还存在一定问题

经过多年发展，我国产业链供应链竞争比较优势发生转换，国内生产函数发生重大变化。

人口结构显著变化，劳动力成本较国际上升较快，严重削弱中国制造竞争力，制造企业招工难、招工贵问题突出。值得注意，当前中国工业化进程面临的一个突出问题就是制造业就业人口下降速度过快。从历史经验来看，美国制造业就业占总就业人数比例在1953年达到25.6%的高点，2010年为8.7%；日本峰值时间是1973年，2012年为14.2%，近40年的时间下降了10.4个百分点。我国在2013—2019年间，总体下降8.2个百分点，总体降幅的时间窗

口更窄、下降速度更快。从结构性情况来看，我国产业工人发展出现"高低两端用工荒"，就业人员高龄化程度增加，制造业城镇就业人员中年组比例从2004年的45.2%上升到2019年的57.3%，老年组（60岁以上）比例从1.1%增长到2.9%；同期青年组（34岁以下）从53.6%下降到39.7%。

"十二五"期间，我国劳动年龄人口的数量和比重均达到了历史峰值，很多学者认为我国的刘易斯拐点到来。2010—2019年，我国劳动力人口占人口总额的比重下降了0.53个百分点。同劳动力人口比重下降同时出现的是我国员工工资快速上涨。2019年城镇单位就业人员工资是2010年的2.48倍，期间年均增速超过10%。其中，2010—2019年制造业城镇单位就业人员平均工资年均增速高达10.8%。与此同时，劳动生产率增长幅度放缓，尤其是近10年的时间，第二产业全员劳动生产率增长幅度变小、势头减弱，引发了各界的担忧。

国内生产经营借贷的资金成本偏高，特别是中小企业融资难、融资贵问题突出且问题长期存在。发展中国家经济增长长期面临"两缺口"，即储蓄缺口和外汇缺口，导致其国内经济发展面临融资利率偏高等问题。中国情形也大体相似。我国长期实行高储蓄、高积累、高投资的发展模式，整体资金成本偏高。近几年，我国中长期贷款利率高于美国3个百分点左右。尽管最近在市场上逐步出现了资本相对偏松的情形，国内总储蓄高达44.3万亿元人民币，广义货币供应量（M2）长期保持两位数的增长，但伴随而来的是制造业固定资产投资完成额增速持续低于全社会固定资产投资完成额增速，制造业普遍面临产能过剩、国内需求不足等供需难题。

四、产业配套基础设施融资问题

政府资金占比较大,后期举债限制较多。大型基础设施项目的建设资金中,财政直接出资一般占1/5,地方政府还会通过土地转让以及其他方式获得融资,为基础设施建设提供自筹资金。政府资金尤其是地方政府资金是支持基础设施建设的重要力量。从国际通行惯例来看,各国政府预算内资金占当地基础设施50%以上。从我国实践经验来看,2000年开始,各地方政府开始普及以土地出让金方式为基础设施融资;2011—2014年,各地方政府主要依靠财政资金支持基础设施建设,但财政主要收入仍来自土地出让金;2014—2016年,政府购买服务的模式开展起来;2017年一系列新规定对政府举债融资作出了限制,如2017年财政部印发的《关于进一步规范地方政府举债融资行为的规定》和《关于坚决制止地方以政府购买服务名义违法违规融资的通知》中要求,严禁地方政府利用PPP变相举债。2017年年中金融工作会议进一步强调"严控地方政府债务增量",逐步引导地方政府去杠杆、表外融资回归表内、打破刚性兑付。

银行贷款占30%,期限错配成制约因素。基础设施项目具有收益现金流稳定、收益弹性低的特性,是一个较好的另类资产投资项目,在国际上满足了养老金等长期投资者的风险偏好。但是在我国国内,信贷资金的贷款期限较短、展期手续较为复杂,导致使用中短期的信贷资金支持长期基础设施建设会产生期限错配等一系列问题。目前,在美国5年期以上的贷款占70%以上。因此,我国中短期为主的信贷须做出结构性的调整向长期信贷转变,以适应当前基础设施建设发展的需要。如近期逐步推广的"银团贷款+"模式是国际上支持基础设施建设的重要融资模式,以"信息共享、独立审批、自主决策、风险自担"为原则，有效缓解了单一银行针对基础设施项目大规模集中授信带来的各种风险。信托或保险机构、产业基金以及其他形式的国内外资金借此共同参与基础设施项目。发债成本分化有限，隐形债务不断显性化。城投债和地方政府债是目前我国基础设施建设债务融资的主要模式。目前，城投债利率普遍高于政府债券，债务成本主要与发行人资质有关，同时受到资本市场整体利率水平的影响。近期，债券违约不时发生，加重了市场的风险情绪，也加速城投债定价的分化。各地方政府债券的利率水平相差较小，与国债的差异也非常有限。地方政府发债受到严密监管，表外业务逐步回归表内，地方政府通过债券融资的压力将进一步增大。

其他要素成本也显著偏高。土地价格快速提升，制造业企业用地成本增加，2020年100个大中城市工业用地价格是2001年2倍多。进入"十二五"之后，100个大中城市土地供应面积的增速大幅放缓，"十二五"和"十三五"期间有一半的年份土地供应面积为负增长，同时城市规模越大、发达程度越高，土地供应收缩幅度越大，同时土地价格也快速增长。此外，国内物流成本明显高于国际平均水平，2020年我国物流成本占GDP比重为14.5%，远高于美国（8%）、日本（8.5%）、欧盟（8.6%）等。

制度性交易成本相对偏高。按照国际标准的宏观税负计算方法，中国宏观税负高达37.2%，已经超过了发达国家的平均水平（在30%~35%之间）。

第十二章
传统产业数字化、绿色转型升级

总体来看,数字化和绿色转型是未来经济发展的必然趋势,也是全球产业链变革的重要方向。我国产业发展的重要基础在于规模大、配套齐全,新领域的突破具有巨大的市场消纳空间,产业迭代的边际成本相对较低。和其他国家相比,我国产业也非常年轻,能够在新技术、新模式快速发展时期,用足用好新发展机遇,尝试新发展道路,这是其他国家暂时不具备的突出优势。

第一节 传统产业数字化转型升级

蒸汽和电力分别开启了第一次和第二次工业革命,信息互联网技术正推动全球经济数字化转型,带来了第三次工业革命浪潮。值得注意的是,信息技术也是20世纪90年代以来全球化发展的重要推手。目前,数字对经济的改造从传统的批发零售业,即亚马逊、阿里巴巴等为代表的线上销售渠道,逐步向更深层次的产业经济领域拓展。在这一过程中,"数据"成为重要的生产要素、发展的动力来源,"算力"成为数字经济时代的"发动机"。我国是全球人口最多、制造业规模最大、产业体系最为完善的国家,国际数据公司(IDC)等研究显示,中国每年以超过平均速度3%左右的增速生产并扶植数据,2025年数据产量将达到48.6ZB。如何更好地推动数字技术的发展,让数字全面渗透到经济生活的各个方面,在数据化大潮的背景下推动中国产业链供应链进一步发展,成为国内各界高度关注的重要事项。

一、全球视角下数字经济发展情况

疫情前,全球数字经济发展已显露苗头,疫情带来的远程办公、线上经济的繁荣,进一步加速了数字经济发展,同时也推动了传统产业数字化转型。

(一)疫情期间数字经济规模、增速逆势增长,成为引领经济复苏的重要动力

受疫情影响,2020年全球GDP增长-4.4%,为金融危机以来最大降幅。但在此背景下,数字经济实现逆势增长。据工信部信通院数据,2020年全球数字经济增加值达32.6万亿美元,同比提升3%;占全球GDP比例为43.7%,较上年提升2.5个百分点。从具体行业情况看,服务业数字经济占GDP比重最高,为43.9%,主要为通讯、金融等生产性服务业;其次为第二产业(24.1%)和第一产业(8%)。

(二)区域分化明显,发达国家成为"领头羊",发展中国家正快速追赶

总体来看,发达国家是当前全球数字经济的引领者。一是发达

国家数字经济规模体量大，发达国家数字经济规模达24.4万亿美元，占全球数字经济总量的74.7%，为发展中国家规模的近3倍。二是发达国家数字经济渗透率高，发达国家数字经济占本国GDP平均值为54.3%，发展中国家为27.6%，发达国家渗透率是发展中国家的近2倍。三是二者数字经济增速大致相同，其中发达国家数字经济同比增速为3%，发展中国家为3.1%，但其中中低收入国家同比增速为-5.5%，不同国家间分化差异较大。2005—2020年中国数字经济规模如图12-1所示。

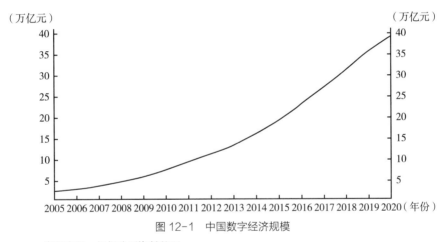

图12-1　中国数字经济规模

资料来源：根据公开资料整理

（三）美、中、德、日、英成为全球数字经济规模最大的五国

规模方面，2020年五个国家数字经济规模占全球79%；其中，美国数字经济规模全球第一，达13.6万亿美元，占41.7%；中国位居世界第二位（5.4万亿美元，占16.6%），德国、日本并列第三位（2.5万亿美元，占7.7%），英国位居第五位（1.8万亿美元，占5.5%）。从渗透率情况看，德国、英国和美国位居前三位，数字经济规模占GDP比重超60%，分别为66.7%、66%和65%。从增速情况

看，中国2020年数字经济同比增长9.6%，位居全球第一位。

（四）产业数字化成为驱动数字经济增长主要动力

伴随技术迭代和进步，以5G、半导体、集成电路、人工智能等为代表的数字产业加速发展，工业互联网、智能制造、先进制造等成为全球产业数字化发展的主要驱动力。2020年，产业数字化增加值占数字经济比重为84.4%。分区域情况看，发达国家产业数字化占数字经济比重达到86.4%，发展中国家产业数字化占比为78.3%。

二、主要国家数字经济政策发展动向

疫情后全球经济数字化转型成为各国共识，近期各国加速发力数字经济发展，积极培育、巩固自身数字经济发展优势。

（一）以立法和规划先行，引领本国数字经济发展

当前，各国充分认识到数字经济逐步成为国民经济发展基础性、先导性和强渗透性的产业，是未来国家竞争力的关键组成。美国拜登政府上台后，首次将总统科技顾问列入内阁，参与内政外交决策，将人工智能、5G、量子技术等定义为"未来技术"领域。日本发布《科学技术创新综合战略2020》，积极推动虚拟技术、物联网、大数据等，支持下一代自动行驶、机器人、3D打印等革命性制造技术创新。韩国发布人工智能半导体产业发展战略，将通过设立人工智能半导体旗舰项目，独立开发世界上最好的人工智能半导体，以促进设计、设备和工艺技术创新。英国发布《产业战略：人工智能领域行动》等一系列战略行动计划，投入近1亿英镑支持包括虚拟技术、数字安全软件和下一代人工智能等产业。

（二）重视数字基础设施建设，为产业发展提供支撑

各国普遍对数字基础设施发展形成共识，认为产业发展的必要

条件是基础设施的完备和优化。欧盟委员会制定到2030年实现欧洲数字化的路线，要求所有欧盟家庭应实现千兆宽带连接，所有人口密集地区应实现5G覆盖。德国推动政府投资，力图实现2020年5G覆盖德国一半人口，2021年底前实现5G技术覆盖三分之二的人口。日本发布《ICT基础设施区域扩展总体规划2.0》，通过2020年年度预算拨付方式加快5G和光纤的铺设进度，宣布到2023年底将5G基站数量增加到21万个，为初始计划的3倍。新加坡制定实施"智慧国家2025"计划，建设覆盖全岛数据收集、连接和分析的基础设施与操作系统。

（三）强化核心产业竞争优势，政府直接发力产业升级

长期以来，发达国家遵循"小政府"理念，主张政府减少对经济活动的干预。但近期，这些国家普遍将数字经济上升到国家未来竞争优势和国家安全的高度，主动发力支持数字经济发展。美国商务部发布产业链供应链脆弱性调查报告，提出投入1400亿美元支持半导体、大容量电池等数字经济相关领域发展；国会推动战略与竞争法案等，投入2500亿美元充实科技基金会和支持半导体、5G、人工智能等领域，是美国数十年来力度最大产业立法。欧盟发布《2030数字化指南：实现数字十年的欧洲路径》，设定了11项先进技术发展目标，主张投入政府资源，实现在2030年前实现先进芯片制造全球占比达到20%的目标。日本提出将促进研发和投资，力图构筑切实的供应体制，加紧目前发展迟缓的尖端产品国产化。

（四）重视中小企业，培育数字经济发展活力

中小企业是经济活动主要参与者，数量多、创造力强，孕育着未来数字经济巨头企业，各主要国家高度重视。美国政府近期积极推动反垄断法执行，力图打破大型科技公司对市场的垄断，特别是

"毁灭式"对中小企业的收购，主张公平竞争，保护中小企业发展活力。日本发布数字新政，提高中小企业信息化水平，制定"经济增长战略行动计划"，将促进中小企业合并、扩大经营规模、提升生产效率作为重要内容。德国政府"中小企业4.0数字化生产及工作流程"要求，依托高校院所在全国各地建立了22个中小企业4.0能力中心，为中小企业解决智能化升级中遇到的技术和安全问题。

（五）力推国际规则标准重构，争取数字经济领域全球话语权和影响力

各主要大国对数字经济的认识，已逐步从经济领域上升到国家实力以及大国博弈的高度，积极推动国内标准国际化，商签相关国际协定，力图控制未来发展的主动权。一是各主要国家积极争取数字经济规则和全球领袖地位。美国信息技术和创新基金会发布《美国全球数字经济大战略》报告，其中明确提到争取数字经济主导权。欧盟也积极参与全球数字经济竞争，陆续发布了《欧洲数据战略》和《欧洲人工智能白皮书》等多份文件，表示欧盟的目标是确保欧洲成为数字化和人工智能方面的全球领导者。二是西方加紧借此对我国数字经济产业发展进行限制打压。拜登政府正在考虑一项涵盖印度太平洋经济体的数字贸易协议，包括数据的使用、促进贸易便利化和电子海关安排等规则，排除中国这一地区数字经济最大国家，以遏制中国在该地区影响力。未来，美国还将强化"T-12"等"民主技术联盟"，完善瓦森纳协议等多边技术管控机制，持续推进"清洁网络计划"等，在集成电路、数字基础设施等领域联合盟友成立研发与生产联盟，打压中国数字经济全球影响力和话语权。

三、中国产业数字化转型成效

中国是一个制造业大国，一个新的技术、新的模式广泛应用有世界上最大的市场可以开展试验，研发和推广的边际成本相对较低。同时，中国的制造业也是一个"年轻"的产业，各领域高端人才众多，对于新技术、新模式具有较高的接受程度，这对于我国产业数字化转型而言具有积极的意义。总体来看，中国的产业数字化转型正处于快速发展阶段，主要表现为企业上云、工业互联网建设和制造业服务的数字化发展。

（一）企业上云

国家互联网信息办公室统计，2020年我国新增上云企业47万家，数量保持快速增长。国家层面积极鼓励企业信息上云发展，推动了企业数据的集成和高效利用。其中，国家发展改革委、中央网信办印发《关于推进"上云用数赋智"行动培育新经济发展实施方案》明确指出，开展推进数字化转型伙伴行动、组织数字化转型示范工程、开展数字经济新业态培育行动，逐步突破数字化转型关键核心技术。与此同时，国家发改委为解决中小企业上云面临的一系列问题，推行普惠性"上云用数赋智"服务，解决"不会转""没钱转"和"不敢转"的问题。总体来看，我国企业上云的意识不断增强，积极性持续提高，上云比例和应用深度不断上升，尤其是面向个人消费市场的快消品、纺织服装以及智能汽车等领域，上云效率更高，数字化转型速度更快。

（二）工业互联网建设

工业互联网专项工作组印发《工业互联网创新发展行动计划（2021—2023年）》（工信部信管〔2020〕197号），围绕工业化联网创新发展提出了一系列明确要求。同时指出了工业互联网是新一代信息通信技术与工业经济深度融合的全新工业生态、关键基础设施和新型应用模式，以网络为基础、平台为中枢、数据为要素、安全为保障，通过对人、机、物全面连接，变革传统制造模式、生产组织方式和产业形态，构建起全要素、全产业链、全价值链全面连接的新型工业生产制造和服务体系，对支撑制造强国和网络强国建设，提升产业链现代化水平，推动经济高质量发展和构建新发展格局，都具有十分重要的意义。据国家互联网信息办公室统计，2020年我国工业互联网产业经济增加值约为3.1万亿元人民币，具备行业、区域影响力的工业互联网平台已经达到80多家，工业设备连接数量超过6 000万台。展望未来，我国工业互联网的发展将呈现出日渐成熟的网络系统、不断壮大的平台体系、日益完善的数据信息。

（三）制造业服务数字化发展

制造业服务化是这几年产业链发展体现的突出特点，也是制造业发展不断深化，日益满足智能化、个性化、信息化发展趋势的必然要求。在数字经济时代，市场需求不仅仅要求企业销售有形的商品，还需要配套提供可信赖的售后保修服务以及其他相关的服务，这也是当前和未来一段时期我国制造业转型升级的重点方向。据中国服务型制造联盟统计，在我国服务型制造业示范企业中，服务业务相关收入已经占到了总收入的三分之一。

（四）东数西算与产业数字化发展新空间

目前，我国数据中心大多分布在东部地区，由于土地、能源等资源日趋紧张，在东部大规模发展数据中心难以为继。而我国西部地区资源充裕，特别是可再生能源丰富，具备发展数据中心、承接东部算力需求的潜力。国家信息中心相关研究报告显示，占我国全社会用电量约 2% 的数据中心,支撑了占全国 GDP 约 36.2% 的数字经济规模,对提升全社会生产效率和全要素生产率作用巨大。

四、中国产业数字化转型存在的问题

理论往往先于实践发展,宏观顶层的规划设计落到实际层面往往要根据市场主体自身情况做精准化设计,这需要经历一个漫长的时间,同时也会遭遇各种意料之中和意料之外的问题。从我国产业数字化转型方面来看,总体面临的问题主要还是企业意愿和能力方面,即不愿转、不敢转、不会转等。

(一)市场主体、特别是中小企业能力水平与产业数字化转型要求相比还有差距

推动产业数字化转型,需要对企业发展的全流程开展数字化改造,有时候短期效益并不会立刻显现,有时需要企业付出更多的成本。很多情况下,中小企业生产设备智能化水平偏低,由于近几年经济形势下行,很多企业盈利状况受到了不利影响,不愿意投入更多资源推动自身数字化改造。很多中小企业没有实现自动化生产,依然以劳动力为主的方式进行运行,虽然短期内保证了企业正常运转,但长期来看,这些企业会逐步被市场所淘汰,未来风险挑战因此增多。

(二)数字化专业人才较为缺乏

首先,数字化人才特别是处理一线数字信息的技术性人才相对匮乏,企业动辄付出较高薪水雇佣高素质计算机人才,对自身生产运营开展数字化改造。很多企业、特别是中小企业条件有限,资金不足,无法招揽优质人才。与此同时,在推动产业数字化转型过程中,数据要素的充分使用还依赖于企业各级员工数据意识和能力的

发展，而一些企业培训不到位，很多员工还缺乏相应的专业知识，缺乏必要的数据技能，影响了产业数字化转型的力度。

（三）设备产品等数据编码尚未实现统一

产业数字化转型，其中一个基础性要求就是各类设备以及相关产品需要唯一的"身份识别码"，记录可供归类的必要信息，实现相关数据的上网流通。但从实践情况来看，国家主要从宏观层面对产业数字化发展做出方向性规范，但实际应用过程中，很多同一产业链的产品编码规则不统一，导致系统无法对产品进行有效归类。部分领域设备和产品编码规则重复性高，在多领域数据信息合并处理过程中，无法有效识别统一编码下不同产品设备的情况。

第二节 传统产业绿色转型升级

截至目前，191个国家提交了第一轮国家自主贡献，涵盖了全球90%以上的能源相关和工业过程的二氧化碳排放量；27个国家和欧盟已经按照《巴黎协定》的要求，向《联合国气候变化框架公约》通报了温室气体排放的长期发展战略。

一、全球实现双碳目标时间紧、任务重、路径窄，需要以"空前力度"推动能源、工业和交通领域产业转型

国际能源署预计，2030年世界经济将比目前增长约40%，但能源消费却减少7%。有必要在全球范围内大力提高能效，使2030年之前能源强度每年平均降低4%，降低速度约为过去20年平均水平的3倍。为实现这一目标，今后10年迅速扩大太阳能和风能，在2030年

之前，太阳能光伏每年新增装机 630GW，风电每年新增装机 390GW，增速达到 2020 年水平的 4 倍，电动车在全球汽车销售中的占比将由目前的 5% 提高到 2030 年的 60% 以上（如图 12-2 所示）。对此，需要在全球范围内投入 900 亿美元的公共资金，支持技术研发、示范项目建设等，并投入超过 400 亿美元为约 7.85 亿无电人口提供电力，为 26 亿仍无法获得清洁烹饪燃料的人口提供清洁燃料，确保实现产业转型与能源可及双重目标。到 2050 年，全球能源需求将比目前低 8% 左右，但支撑的经济规模是目前 2 倍多，服务的人口比目前多 20 亿。2030 年起，每月需要为每 10 座重工业工厂配备碳捕捉技术，建造 3 座新氢能工厂，并在工业场所增加 2GW 电解槽制氢能力。在 2035 年之前停止销售内燃机汽车，并推动电气化。到 2050 年，全球路上行驶的汽车均为电动车或燃料电池车，太阳能光伏装机将是现在的 20 倍，风电装机将是现在的 11 倍。化石燃料消费在能源供应总量中的占比，将由目前的近五分之四减少到 2050 年的略超于五分之一。

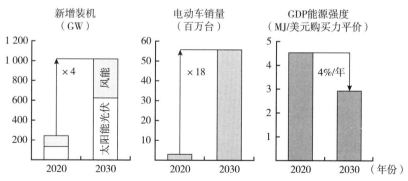

图 12-2 2030 年以前为实现双碳目标重点领域变革路径

资料来源：国际能源署

二、我国产业结构偏重、能源结构偏煤，需要适应国际趋势，妥善处理好发展和减排、短期和中期的关系

总体来看，我国是第一的制造、工业大国，工业万元能耗强度是第三产业四倍左右，钢铁、有色、建材、石化和化工五大产业能耗占总能耗的80%，开展"稳妥有序、安全降碳"的工作重点在能源、工业领域，与世界主要国家面临的问题基本一致。2020年，我国一次能源消费中，煤炭占56.8%，世界占27.2%，经合组织国家占12.6%，我国大幅高于发达国家乃至世界平均水平；天然气消费中，经合组织国家占29%，我国占8.4%，我国情况大幅低于发达国家。到2030年，我国非化石能源比重达到25%，煤炭占45%，天然气上升到13%，这表示在10年间我国天然气消费量增长86%，年均6.4%。这需要推动煤炭清洁高效利用，实现绿煤、节煤、替煤。在生产端，淘汰落后产能，煤炭发电比重要降低，严控高煤耗产业。与此同时，还要完善煤炭企业退出机制，防止经济损失、防范金融风险。煤炭传统产业缩减意味着数百万工人转岗，相关的资产和金融债务需要妥善处理，政府财政需要积极发力，支持煤炭企业转型。国际机构测算，欧盟如在2050年实现碳中和，未来30年要投入28万亿欧元。中国如果要2050年碳中和，我国需要投资136万亿元，相当于在当前GDP规模水平上提升一倍。2020—2060年中国碳中和路径如图12-3所示。

特别值得注意的是，在推动产业绿色转型过程中，我国绿色金融发挥了重要的作用。

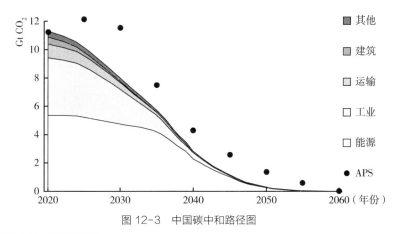

图 12-3 中国碳中和路径图

资料来源:国际能源署

三、绿色金融支持产业转型成效明显

总体来看,中国绿色贷款余额和绿色债券存量规模居世界前列,中国绿色资产质量整体良好,绿色贷款不良率明显低于各项贷款平均不良率,绿色债券尚无违约案例。主要形势和特点如下。

绿色信贷占主导,比重超90%。在我国以银行为主导的金融体系下,绿色金融的发展主要依赖绿色信贷。人民银行数据显示,2020年我国绿色金融融资总额13万亿元,其中绿色信贷为12万亿元,占92.3%。2020年,绿色金融成为大部分上市银行的基础性业务;工行、农行、中行、建行等银行绿色贷款余额突破万亿元,工行则突破2万亿元。

绿色债券发展成效显著,成为仅次于美国的第二大绿色债券发行国。截至2020年底,绿色债券余额约8 132亿元,约占6%;当年发行境内绿色债券217支,规模2 242.74亿元,累计发行规模突破1万亿元,约占全球的13%,成为仅次于美国的第二大绿色债券发行国。绿色债券主要投向基础设施绿色升级、清洁能源等领域,其中工业部门绿债规模居首，占78.2%，主要投向节能环保、基础设施绿色升级和绿色服务三大领域，占比分别为28.1%、20%和30.1%。

绿色保险与赔付金额呈增长态势。2018—2020年，保险业累计为全社会提供45.03万亿元绿色保险，支付赔款533.77亿元，发挥了绿色保险的风险保障功能。其中，绿色投资存量由2018年3 954亿元增至2020年5 615亿元，年均增长19.17%，说明保险资金向绿色投资领域力度在加大。

绿色基金快速发展。中国证券投资基金业协会数据显示，2020年末与绿色低碳、生态环保、清洁能源等相关的私募基金500多只，规模超2 000亿元。国泰安数据显示，目前共87只绿色公募基金，其中2020—2021年7月新发行绿色公募基金31只。2020年7月成立885亿元国家绿色发展基金是业内绿色基金的龙头。值得注意的是，近期ESG主题基金成为投资热点，2021年，包括银行理财子公司、公募基金在内的国内众多投资机构围绕ESG主题积极布局。据国泰君安数据，目前市场ESG公募基金10只，规模接近10亿元。

碳金融开始破题。2020年全国碳市场线上交易启动，2200多家电力企业年排放量40亿吨，约占全球二氧化碳排放的十分之一。2021年1月设立广州期货交易所，推出碳权期货品种。2021年5月，厦门碳中和低碳发展基金成立。2021年7月，宝武碳中和股权投资基金成立，是规模最大的碳中和主题基金。2021年11月，人民银行推出可支持贷款本金60%、利率为1.75%的碳减排支持工具，为下一步碳金融持续健康发展提供有力支撑。

四、我国绿色金融支持产业发展存在的问题

主要表现在国内绿色金融在规范标准、发展结构、对标实际需

求和提升专业能力方面仍存在一定问题。

绿色金融规范标准还有待完善。绿色金融的标准和规范是绿色金融发展的重要基础设施,目前还存在"国内不统一、国际不接轨"的问题,部分绿色项目借机进行规则套利,披"假绿色"外衣,变相进行传统融资。和国际通行标准相比,我国绿色金融在绿色项目认定口径、产品设计、信息披露和风险管理方面要求相对偏低,仅有 40% 左右绿色债券符合国际绿色金融标准。此外,国内标准不统一问题凸显,国内有人民银行等三套绿色分类标准,在适用对象、项目范围、精细程度上存在差异。特别是对于化石能源清洁利用、核电是否属于绿色范畴,判断不同,未来需尽量统一标准。

绿色金融发展结构性问题突出。从目前情况看,绿色金融发展不平衡、不充分问题较大。一是绿色金融主要依赖间接融资,直接融资市场不够活跃。90% 以上的绿色资金间接融资获得,以绿色信贷、绿色债券为主;担保基金、绿色市政债、绿色建筑保险相对不足。这也同时导致支持绿色金融发展的机构以银行为主,其他服务直接融资的金融机构比重较小。二是绿色债券与碳足迹脱钩。中国绿色债券标准对资金使用限制相对宽松,绿色信贷和绿色债券等产品没有与碳足迹挂钩。三是资金支持重绿色生产、轻绿色消费。与消费相关的绿色经济活动难以获得绿色金融支持,生产性项目更多依靠抵质押品获得绿色金融服务。

绿色金融发展与实际需求有较大差距。我国绿色金融发展与国内实际需求、与发达国家发展水平相比仍有差距。从国内双碳转型发展来看,到 2050 年,中国绿色投资总需求约为 139 万亿元人民币,能源系统需新增投资约 100 万亿元人民币,到 2060 年清洁能源技术基础设施投资规模预计达到 16 万亿美元。相比之下,目前绿色金融各类资产存量仅为13万亿元。据国家气候战略中心测算，实现"双碳"目标的股权投资需求约为绿色融资的30%，年均缺口超过4800亿元。与欧美发达国家发展水平相比，后者更关注碳市场相关金融工具，形成了包括碳期货、碳基金、碳资产质押融资、碳资产回购式融资、碳配额托管、绿色结构性存款等金融产品；其中，碳期货成交量和成交额分别占绿色金融市场的90%和95%。反观我国情况，碳金融市场发展起步晚、规模有限，未来还有较大的发展空间。

绿色专业能力仍有待提升。由于绿色金融发展时间不长、规模有限，部分金融机构缺乏采集、计算和评估节能减排、碳排放和碳足迹信息的能力，存在数据积累不足、数据深度和广度不够、产品和服务研发不多等问题；信贷投放与环评信息联动机制不畅。大部分金融机构缺乏发展绿色金融的管理机制，尚未强制要求企业披露污染物和碳排放信息，对气候风险认知不够，也缺乏相应的责任追究与惩罚手段。此外，绿色金融产品定价机制尚不完善。绿色金融项目正外部性导致风险与收益不匹配，部分绿色项目绿色投资者缺位。值得注意的是，由于我国碳金融市场起步较晚，在确定和计算贷款带动的碳减排量时，对于基准线的制定仍有较大分歧，对碳金融的发展造成了制约和不利影响。

第三节　抓住数字化和绿色转型的建议

第一，就是要善于从全球的视野看待绿色和数字化转型发展趋势和最新动态。要抓紧对全球形势进行跟踪研判，及时掌握各国绿色和数字化政策发展的最新动态。需要委托专业机构，开展对全球数字经济、绿色经济发展形势、各主要国家政策的信息收集和跟踪研究，及时了解出现的趋势性、苗头性问题，做好形势分析研判和预测预警。

第二，需要在顶层设计和立法层面进行优化完善。我国数字经济起步早、发展快，目前已成规模。但是最近美欧主要国家加码发力数字经济产业，应引起我国高度重视。建议继续推动"十四五"规划中数字经济相关重点工程尽早落地，在此基础上再筹划一批数字经济重大项目，加快数字基础设施建设，为国内数字经济产业发展提供有效支持完善绿色生产和消费的法律制度和政策导向，要求统筹考虑工业、农业、服务业、消费、生活等领域，从推行绿色设计、强化工业清洁生产、发展工业循环经济、加强工业污染治理、促进清洁能源发展、推进农业绿色发展、促进服务业绿色发展、扩大绿色产品消费、推行绿色生活方式等重要方面提出政策要求。比如，在工业方面，需要对源头设计、清洁生产、循环发展、末端处理以及可再生能源规模化应用、能源清洁化利用的法规政策作出调整完善；在农业方面，需要以绿色生态为导向，重点对农药化肥减量化、农业生产环境保护、农业循环经济发展等提出要求；在服务业方面，需要着力对推动工程设施、服务设施、服务业管理体系绿色化以及电子商务、快递等绿色发展提出要求；在消费方面，需要重点从加强和改进政府和国有企业绿色采购、推广绿色产品和新能源汽车等方面提出政策要求；在生活方面，需要重点从居民水电气价格、生活垃圾分类、塑料污染防治、绿色农房建设等方面提出政策措施。

第三，推动各地方立足资源禀赋和比较优势，在数字经济前沿领域进行先行先试。鼓励各地方统筹当地资源，立足各类园区等开放高地和产业聚集优势，在数字经济前沿领域凝聚企业资源、吸引人才资源、配套资金资源，在相关方面进行积极探索，形成一套可复制可推广的经验。同时,在地方探索数字经济发展过程中,要做好规划协调,避免无序竞争和重复建设。

第四,完善绿色生产和消费的法律制度和政策导向。

要求统筹推进绿色生产和消费领域法律法规的立改废释工作,加快推进相关法律、法规、标准、政策的制定修订工作。结合实际促进绿色生产和消费,鼓励先行先试,做好经验总结。全面清理现行法律法规中与绿色发展不相适应的内容,及时调整不合时宜的条款,加强污染防治、循环节能、节水节地、应对气候变化、生态补偿、土壤环境保护、功能区建设、税收调节等方面的法律法规制度建设,完善地方性法规制度体系,推行最严格的环境准入标准和保护措施,清理与绿色发展相违背的规章制度。完善能耗、水耗、地耗污染物排放、环境质量等方面标准,建立与国际接轨、适应我国国情的能效和环保标识认证制度。

需要完善绿色产业发展支持政策,引导社会资本投入绿色产业发展。通过完善财政税收政策,加大各级财政对绿色生产和消费、污染防治等的投入。通过深化资源环境税费改革,落实和完善绿色生产和消费相关领域税收政策。通过创新和完善促进绿色发展的价格机制,运用价格杠杆促进绿色生产和消费。通过积极发展绿色金融,完善绿色信贷指引,推动绿色消费信贷,发展绿色债券。通过完善市场化机制及配套政策,推行合同能源管理、合同节水管理等市场化机制,探索用能权交易机制,加快建立健全绿色技术转移转化市场交易体系。

要求加快构建市场导向的绿色技术创新体系,激发绿色技术市场需求,壮大创新主体,增强创新活力,优化创新环境,强化产品全生命周期绿色管理,加快构建企业为主体、产学研深度融合、基础设施和服务体系完备、资源配置高效、成果转化顺畅的绿色技术创新体系,形成研究开发、应用推广、产业发展贯通融合的绿色技术创新新局面。

 专栏

工业互联网赋能产业转型升级

——**我国具备工业互联网发展的独特优势**。与其他国家相比,我国工业互联网发展具备坚实的基础,其中重要的优势来源于规模庞大的制造业,为我国工业互联网技术广泛应用降低了边际的成本。工业互联网一边对接了工业领域的各种应用场景;一边也对接了海量的设备。同时,工业互联网自身承载了工业知识和工业模型,实现了供给需求的高效对接,带来了网络化系统、规模化定制、服务型制造等新模式新业态。

——**工业互联网为数字经济发展奠定了基础**。可以说,在工业互联网发展之前,数字经济更多被视为线上经济,是对传统批发零售行业的替代,对接的是 C 端,即消费端。工业互联网更多被视为一种全新的业态,推动了工业运行的各类信息数字化,推动产业链上下游企业由传统的单链条串联式联系,转变为多环节网络式协作,有助于突破工业企业内外各类的生产方式,对接更多的 B 端客户。

——**工业互联网转变了传统工业发展方式**。大量的工业数据赋能推动了企业由生产制造产品向同时提供服务的方式转变,丰富了企业的商业业态。同时,工业互联网自身也是一个凭条,中小企业可以通过数据共享等模式,将自身信息化成果嵌入到工业互联网系统中,减少了企业自身运营管理系统的支出,为全社会贡献宝贵资源的同时,也可以借此不断优化自身经营模式、提高经营效率。

第十三章
全方位对外开放新格局

中国的发展离不开世界,世界的发展也离不开中国。从发展历程来看,我国已经成为世界上第一大货物贸易出口国,产业配套齐全、制造业门类完备,能够生产出全球最多品类的制成品。自全球化以来,我国产业不断进步,生产成本逐步下降,为全球化开辟了高增长、低通胀的全新发展时期。目前,我国产业也在逐步向高端迈进,更多企业不断走出去开辟国际市场发展空间,中国与世界的联系更加紧密。

第一节 开放发展成效

一、工业国际竞争力不断增强,我国已成为世界第一大货物贸易出口国

新中国成立到改革开放前,由于国内主要工业品供应短缺,加上工业发展模式是半封闭型的,仅有少量的对外贸易,出口商品也

多以初级产品和资源性产品为主。改革开放以来，依托完备产业基础和综合成本优势，我国对外贸易量质齐升，国际竞争力显著增强。1978年我国货物出口总额仅为168亿元人民币，2018年已达到16.4万亿元，增长979倍。自2009年起，我国已连续多年稳居全球货物贸易第一大出口国地位。

二、"世界工厂"出口产品技术含量持续

20世纪90年代以来，我国开始融入国际市场，逐步成长为"世界工厂"。大量外资流入以及企业开始承接跨国公司订单，倒逼国内市场主体技术能力不断提升，即实现了"干中学"的效果。中国高技术产品的进出口额快速提升，其中2004年，高技术产品出口额首次超过进口额。从全球价值链情况看，2006—2015年电脑/电子和光学产品制造业、电气设备制造业、机械设备制造业国内增加值提升接近10%，纺织品、服装皮革及相关产品制造业等三个行业国内增加值提升在5%~8%之间，工业原材料相关行业国内增加值提升幅度较小，在5%以下。中国全球价值链参与程度逐步深化，并且在全球位居较高水平，部分行业全球价值链参与程度已经高于美国。

三、主要消费品行业实现了供应不足向供应充裕的巨大转变

2018年，纱产量2958.9万吨，比1949年增长89.5倍；布产量657.3亿米，增长33.8倍。日用消费品丰富多彩。据轻工联合会资料显示，如今我国钟表、自行车、缝纫机、电池、啤酒、家具、塑料加工机械等100多种轻工产品的产量居世界第一。

四、高技术装备类产品起步较晚，但发展迅速

2018 年，我国手机、计算机和彩电等产品产量分别达 18 亿部、3.1 亿台、1.9 亿台，占全球总产量的比重在 70%~90% 之间；汽车产量为 2 781.9 万辆，连续多年蝉联全球第一；高铁动车组已成中国靓丽名片，走出国门。工业供给能力的增长，为我国国民经济实力的显著增强提供了有力支撑。

五、国际产能合作有序开展

2013 年以来，我国经济进入了新常态，在"增长速度换档期、结构调整阵痛期、前期刺激政策消化期"三期叠加背景下，企业优势产能问题较为突出，单纯依靠国内市场很难消化。一些产能利用率不高的企业占用了大量的经济资源，对于民间资本、创新企业产生"挤出效应"，不利于国内产业结构调整和经济的转型升级。国际产能合作开展以来，我国企业通过对外投资合作带动一批优势产能转移出去，制约国内经济发展的瓶颈问题得到缓解。2017 年，全国工业企业产能利用率为近五年来最好水平（如图 13-1 所示）。从外部需求来看，一些国家正处于工业化进程起步阶段，国内劳动力资源和土地等要素资源较为丰富，能够在一定程度上承接轻纺工业的产能转移。部分国家处于工业化发展阶段，对于资本密集但对环境要素、土地要素需求较大的产业有一定的承接需求，顺应当前国内一批优势产业"走出去"的需求。国际产能合作通过重点项目的合作和开展，带动了当地经济的转型升级，帮助一些国家快速融入全球生产价值链网络，提升了当地生活水平，服务了当地的社会民生。

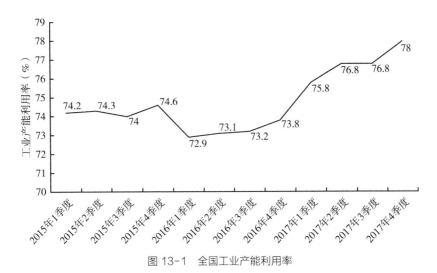

图 13-1 全国工业产能利用率

资料来源：国家统计局

开展国际产能合作是进一步加速国内产业升级，适应经济发展新常态的重要举措。当前，我国人口结构出现结构性变化，低成本劳动力优势逐步衰减，高技能的"工程师红利"和"白领红利"优势突出，国内产业转型升级并不断向价值链、产业链高端环节发展。而我国大部分产业仍处于产品加工组装这一低端环节，产品向高端研发设计、营销以及品牌塑造等环节跃升的压力加大。对此，开展国际产能合作能够将一些中低端加工、组装环节转移到相关国家，形成以我为主、互利共赢的生产网络。与此同时，部分产业也在不断遭遇一些国家贸易摩擦的风险，产品出口面临突发性、高额的关税壁垒，成为我国产业进一步发展的主要阻力。对此，将低附加值环节转移输出，一方面保证企业正常的生产运营、扩宽了企业国际合作的发展空间，另一方面也能够进一步促进"腾笼换鸟"，加速国内产业向高附加值环节发展。2017年，我国人均收入接近8 000美元,已经步入了中等收入国家行列。为避免在未来陷入"中等收入陷阱",产业转型升级和经济增长动力转换的压力已经迫在眉睫。对此,扩大海外投资投资合作,促进国际产能合作能够将传统优势产业转移出去,释放更多资源为新兴产业、高附加值产业发展提供有力支撑。

各类经贸合作园区不仅为中国企业"走出去"提供了平台,也为东道国发展带来了规模化的产业链以及相关的资金、技术和经验。经贸合作园区成为当地重要的经济增长点,带动产业链、物流链、价值链的共同发展,起到了明显的示范作用。商务部最新统计数据表明,截至2017年年底,我国企业在建初具规模的境外经贸合作区99家,累计投资307亿美元,入区企业4364家,上缴东道国税费24.2亿美元,为当地创造就业岗位25.8万个。其中,2017年新增投资57.9亿美元,创造产值186.9亿美元。其中,加工制造型和资源利用型园区累计投资额为231亿美元,占75.2%,直接服务于中国企业对外开展的国际产能合作。境外经贸合作园区为企业开展国际产能合作提供了重要的平台,通过经济集聚降低了跨国生产经营成本,及时规避个别产业的贸易壁垒和国际贸易摩擦,有助于国际产能合作企业共同发展、抱团取暖。

部分产品出口份额持续向要素成本更具优势的国家转移。近几年,我国综合生产要素成本不断提升,部分产品持续向周边地区转移。其中,最为典型的产业为纺织服装业。2015年,中国纺织服装出口份额达到历史最高值(38.21%),随后逐年下滑。2020年受新冠肺炎疫情影响,东盟国家订单向国内转移,中国服装出口份额由2019年的33.94%升至2020年的38.06%。与之形成对比的是,东盟国家在疫情前持续上升,2020年达到最高10.67%(如图13-2所示)。

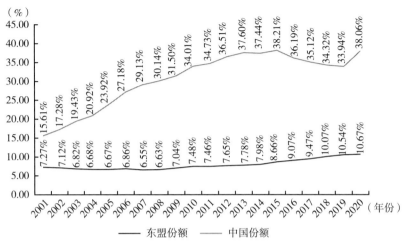

图 13-2 中国服装出口份额与东盟份额对比

资料来源：WTO

从对纺织服装企业对外直接投资调研情况看，我国纺织服装产业链转移的主要目的地在越南、孟加拉国等东盟国家和地区。

第二节 双循环视角下产业发展

20世纪50年代至70年代，各国在推动本国产业发展的路径上存在两种争议，一种是坚持"进口替代"，一种是坚持"出口导向"。事实证明，"亚洲四小龙"依靠"出口导向"获得了较大成功。改革开放后，特别是加入WTO以来，中国依靠国际市场推动了国内产业的发展和转型升级，取得了巨大成功。但仅仅依靠开放发展并不能必然保证国内产业的发展与成功，因为发展中国家发挥比较优势推动初级产品和劳动力密集型产品出口来参加国际分工合作，容易导致国际分工路径的固化，引发"低端锁定"问题，陷入"比较优势陷阱"。二战后,很多拉美国家意识到这种国际分工体系——即发展经济学所提到的"中心—外围"结构——阻碍了其获得先进的技术,无法单独依靠融入美欧市场为中心的全球生产布局来推动实现本国工业化和产业提升,于是选择更多支持本国工业发展,不断打破国际分工的"二元结构",形成了较为独特的发展路径。

习近平总书记指出:"世界经济的大海,你要还是不要,都在那儿,是回避不了的。想人为切断各国经济的资金流、技术流、产品流、产业流、人员流,让世界经济的大海退回到一个一个孤立的小湖泊、小河流,是不可能的,也是不符合历史潮流的。"对于中国的产业链而言,上述论断同样适用。一直以来,我国产业链与国际社会密切相连。特别是加入WTO以来,中外产业链联系更加紧密,双向循环程度日益提升。今日之中国,不仅是中国之中国,而且是世界之中国。今天的中国产业链不仅是中国自己的产业链,更是推动经济全球化、促进各国共同发展的产业链。

20世纪90年代,联合国贸发会议《世界投资报告》中指出,全球生产分为三个中心,分别是北美、欧洲和亚太;这三个中心各有一个领头羊,分别是美国、欧盟和日本。过了十几年之后,同样在《世界投资报告》中,贸发会议发现,中国已取代日本,并在全球生产制造中的地位,逐步从边缘走向中心。

一直以来,中国出口和进口规模占全球的比重不断提升。2020年,我国货物与服务贸易总额跃升至全球首位,贸易伙伴扩展至230多个国家和地区,成为超过120多个国家的第一大贸易伙伴。从1949年到改革开放之初,我国对外贸易额占世界比重始终徘徊在1%左右,其中一个很重要的原因在于当时中国工业品总体竞争力不足,中国出口产品以初级产品为主,在全球缺乏竞争力。改革开放后,我国对外贸易快速发展,商品进出口贸易总额由1978年的206亿美元增长到2021年的超过6万亿美元,2013年超过美国成为世界第一大货物贸易国,此后稳居世界第一大出口国、第二大进口国。

从与全球产业投入产出关系来看,目前我国产业链对全球依赖程度仍然较高,仍具备"两头在外"的结构性特征。改革开放以来,随着国内制造实力不断增加、产业集群的不断发展,形成了以原材料和销售市场在外(即"两头在外")的贸易结构特征,加工贸易成为推动我国贸易发展的主要动力,最高占到我国对外贸易的半壁江山。如图13-3所示,近几年,加工贸易比重逐步下降,一般贸易逐年提升。但从目前的情形来看,我国产业链与全球产业链的联系,特别是我国对外依赖程度较高的领域仍然集中在新的"两头"——即以工业运行提供原料的重要初级产品,如原油(对外依赖度70%以上)、铁矿石(对外依赖度80%以上)、钴锂铜矿等,以及以集成电路为代表的部分关键零部件。零部件问题的来源在于,我国电子产业的发展路径是从进口元器件组装终端产品起步,在此基础上逐步向上游延伸,但

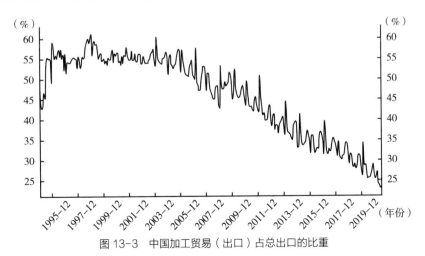

图13-3 中国加工贸易(出口)占总出口的比重

资料来源:海关总署

由于发展周期短以及美欧保护主义等因素影响，我国电子元器件、原材料等上游环节发展还不够健全，存在"卡脖子"问题，形成了"金字塔"型结构，即越往上竞争力越弱，还存在"卡脖子"风险。

特别是在2020年新冠肺炎疫情以来，在我国率先控制住疫情的情况下，对外贸易逆势增长，外部市场对我国依赖程度逐步提升。如果将出口最终产品的规模，即最终消费品外需规模和国内消费品外需规模做一个比较看，疫情以来外需市场重要性进一步成长，能够占内需市场大概5%左右的份额，为我国产业链拓展国际市场空间发挥了重要作用。

此外，随着国内制造业实力不断增长，我国对外贸易结构不断优化。新中国成立初期，工业生产能力不足，农副产品出口占出口总额的70%，进口主要以机械设备等为代表的生产资料为主，占进口总额的80%。改革开放之后，在大量外资进入的带动作用下，我国工业制成品生产和出口能力快速提升，从以轻纺等劳动密集型产品为主到以机电和高新技术产品等资本技术密集型产品为主的转变。从进口商品结构看，资源、基础原材料等初级产品所占比重明显扩大，有效缓解了国内资源供应瓶颈。机电产品和高新技术产品快速增长，为产业结构调整和升级创造了条件。

第三节 RCEP带来机遇

RCEP是中国对外签署的第19个自由贸易协定，同时也是全球经济规模最大的自由贸易协定。2020年，RCEP成员的总人口达到22.7亿，GDP总量达到26万亿美元，进出口总额超过10万亿美元，占全球总量的比例均在30%左右。无论从人口和经济总量看,还是从货物贸易总额看,RCEP均高于欧盟、CPTPP和《美墨加协定》(USMCA)这三大巨型区域贸易集团的规模。

中国作为RCEP成员中最大经济体,与RCEP伙伴经济关系紧密、经贸往来密切,不断开展高质量、多层次的经贸合作关系,为RCEP的签署和实施奠定了坚实基础。2020年,东盟取代美国、欧盟,首次成为中国第一大贸易伙伴。

一、中国与RCEP货物贸易

2001—2021年,中国与RCEP成员的货物贸易规模稳步增长,进出口额由1 758亿美元增至1.87万亿美元,年均增长率达12.5%,与中国总体货物贸易平均增速(13.2%)基本持平(如图13-4所示)。其中,2013年(党的十八大)以来,中国与RCEP成员的货物贸易出口增速为5.9%,高于总货物出口增速0.9个百分点。总体来看,中国与RCEP货物贸易占中国货物贸易比重维持在30%左右的水平上。

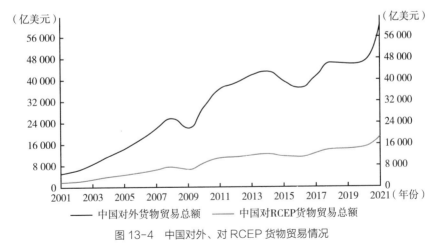

图13-4 中国对外、对RCEP货物贸易情况

资料来源:统计局

出口方面，2001—2021年，中国与RCEP成员的货物贸易出口规模由802亿美元增至8751.4亿美元，年均增长率达12.7%，与中国总体货物出口平均增速（12.9%）基本持平。其中，2013年（党的十八大）以来，中国与RCEP成员的货物贸易出口增速为6.5%，高于总货物出口增速0.8个百分点。总体来看，中国对RCEP货物出口占中国货物出口比重维持在25%左右的水平上。

进口方面，2001—2021年，中国与RCEP成员的货物贸易规模稳步增长，进口额由956亿美元增至9922.5亿美元，年均增长率达12.4%，高出中国总体货物贸易进口平均增速（13.5%）。其中，2013年（党的十八大）以来，中国与RCEP成员的货物贸易进口增速为54%，与总货物进口增速一致。总体来看，中国对RCEP货物出口占中国货物出口比重维持在30%左右的水平上。

从商品结构来看，机电、塑料及其制品、钢铁及其制品、纺织品、矿物燃料、交通运输设备等是中国与RCEP成员贸易的主要产品。从整体贸易关系来看，澳大利亚、日本分别是中国制造生产的初级产品（铁矿石、煤炭等）来源国和消费品出口国，中国与东盟贸易以中间产品贸易为主。在机械、电子产业等众多领域，中国已经与RCEP成员形成紧密的产业链和供应链合作关系。

二、中国与RCEP双向投资

中国实际利用RCEP成员的外资规模呈现波动式发展态势，如图13-5所示。2010—2020年，中国实际利用RCEP成员外资由135.7亿美元波动变化至153.1亿美元，年均增长1.2%，占中国实际利用外资总额的比重由12.8%回调至10.6%。其中，2010—2013年为快速增长期，中国实际利用RCEP成员外资于2013年达到188.6

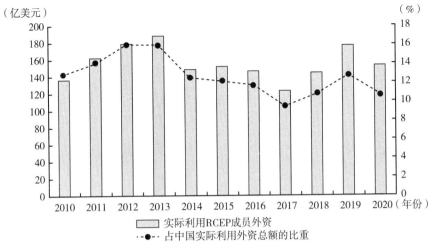

图 13-5 中国利用 RCEP 区域外商投资情况

资料来源：统计局

亿美元的峰值。随后出现明显回落，至 2017 年降至 123.2 亿美元的低位，占中国实际利用外资比重首次低于 10%。2017 年后逐步回升，到 2019 年恢复至 176.1 亿美元的高位，比上年增长 21.4%。受新冠肺炎疫情等因素影响，2020 年中国实际利用 RCEP 成员外资比上年减少 13.0%。从国别/地区结构看，中国利用 RCEP 成员外资主要来自东盟、日本和韩国。东盟国家中，新加坡一直是对华投资最多的国家，占东盟对华投资额的 90% 左右。2010 年以来，中国利用新加坡外资在波动中向前发展，2020 年达到 76.8 亿美元，同比增长 1.2%，为历年来最高水平。除新加坡外，韩国、日本也是中国重要的外资来源国。2010 年以来，两国对华投资起伏较大。

2010—2020 年，中国对 RCEP 成员直接投资流量虽有波动，但总体呈快速增长势头，由 57.9 亿美元扩大到 183.4 亿美元，占中国对外直接投资流量的比重由 8.4% 上升到 11.9%。特别是 2015 年和 2017 年，两度达到约 200 亿美元的高点。此后虽有所回调，但中国对RCEP成员直接投资流量始终维持在160亿美元以上的较高水平（如图13-6所示）。

目前，中国对RCEP区域的直接投资主要集中于东盟国家。2010—2020年，中国对东盟直接投资流量由44.0亿美元扩大到160.6亿美元，年均增长13.8%。截至2020年年底，中国对东盟直接投资存量为1 276.1亿美元，占中国对外直接投资存量的4.9%；在东盟10国共设立直接投资企业超过6 000家，雇用外方员工超过55万人，投资涉及制造业、租赁和商务服务业、建筑业、批发和零售业等多种行业领域。

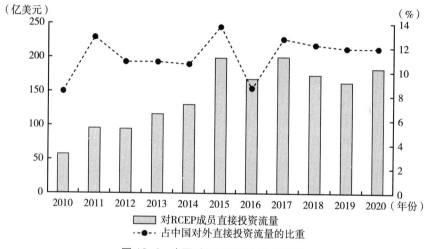

图13-6 中国对RCEP区域投资情况

资料来源：统计局

2010—2020年，中国在RCEP区域的承包工程合作规模稳步扩大，占中国对外承包工程完成营业总额的比重由17.7%增加到25.1%（如图13-7所示）。中国在RCEP区域的承包工程以东盟国家为主。2010—2020年，中国对东盟国家承包工程完成营业额由

150.3 亿美元增至 340.0 亿美元，年均增长 8.5%，占 RCEP 成员的 90% 左右。

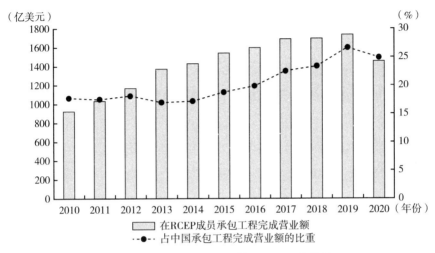

图 13-7 中国对 RCEP 区域开展工程承包情况

资料来源：统计局

总体来看，RCEP 协定达成不仅带来市场扩大、潜力增加等经济性因素，更有推动货物贸易、服务贸易、投资合作、新兴领域制度型开放带来的发展机遇。

（一）经济市场发展机遇

据美国彼得森国际经济研究所测算，预计 2030 年，RCEP 将带动成员出口净增加 5 190 亿美元，年收入净增加 1 860 亿美元。中国出口额预计增加 2 480 亿美元，年收入预计增加 850 亿美元。与此同时，RCEP 将显著提升东亚区域经济一体化水平，持续优化区域内整体营商环境，进一步提升自贸协定带来的贸易创造效应。

根据全球动态一般均衡模型（GDYN）预测，到 2035 年，RCEP 将带动区域整体的实际国内生产总值（GDP）、出口和进口增量分别较基准情形累计增长 0.86%、18.30% 和 9.63%，出口和进口累计增量规模将分别达到 8571 亿美元和 9837 亿美元，区域投资将累计增长 1.47%，区域经济福利累计增加 1628 亿美元。全球层面，到 2035 年，RCEP 将带动世界实际 GDP 和进出口贸易分别较基准情形累计增长 0.12% 和 2.91%。

（二）货物贸易发展机遇

一是区域贸易自由化程度显著提升，促进产品出口。在货物贸易领域，RCEP 旨在削减关税和非关税壁垒，促进原产地规则、海关程序、检验检疫、技术标准等统一规则的实施，提高货物贸易自由化便利化水平，降低区域内贸易成本。主要缔约方首次实施自由化的产品见表 13-1。根据 RCEP 规定，协定生效后区域内 90% 以上的货物贸易最终实现零关税，且主要是立刻零关税和 10 年内零关税。此外，RCEP 使中日、日韩首次建立自贸关系，是中国首次与世界前十的经济体签署自贸协定，提高了中国自贸区网络的含金量。

表 13-1 主要缔约方首次实施自由化的产品

国别	主要产品
印度尼西亚	加工水产品、烟草、食盐、煤油、化学品、化妆品、胶片、除草剂、消毒剂、工业黏合剂、化工副产品、塑料及其制品、橡胶、箱包、服装、床上织物、鞋靴、大理石、陶瓷塑像、玻璃、钢铁制管、发动机、液体泵、灭火器、录音设备、电视、汽车及零部件、摩托车等
马来西亚	加工水产品、可可、棉纱及织物、化纤、不锈钢、部分工业机械设备及零部件、汽车、摩托车
菲律宾	医药产品、工业副产品、塑料及其制品、硫化橡胶、化纤及织物、服装、纺织品、鞋、玻璃及其制品、钢铁制品、发动机零件、空调、洗衣机、减压阀、电线等机电产品、汽车及零部件等

续表

国别	主要产品
文莱	烟草、地毯、床上用品、鞋、风扇、空调、冰箱、滤水设备、洗衣机、吸尘器、热水器、电话、传声器、电视、电路、电灯、电线、家具
泰国	纸制品、砂岩、仿首饰、铜、液体泵、电动机、变压器、手电筒、电线
柬埔寨	鸡肉、蔬菜水果、海藻、加工蔬菜水果、面食、杂项食品、烟草、矿产品、石油、化学品、染料、塑料及其制品、橡胶、皮革、木材纸制品、棉制品、化纤及其制品、服装及其他纺织品、鞋靴、钢铁铝制品、工业机械设备、农业纺织设备、电动机、变压器等部分机电设备、汽车及零部件、家具、发卡等
缅甸	大米、中药、树胶、油、酒、饲料油渣、化学品、塑料及其制品、木制品、石棉制品、汽车、摩托车
老挝	活鱼、甘蔗、酒、汽车
中国对于东盟	菠萝罐头、菠萝汁、椰子汁、胡椒、柴油等化学燃料、部分化工品、纸制品、柴油发动机、车辆照明及信号装置、车窗升降器等
韩国	鹿茸、糊精 部分降税：服装、干贝、服装、瓷砖
中国对韩国	纺织品、不锈钢 部分降税：发电机、汽车零部件

资料来源：课题组整理

二是为之前未被纳入协定的产品提供优惠待遇。在 RCEP 签署前，东盟已与中国、韩国、日本、澳大利亚和新西兰达成了"10+1"自贸协定。此次协定达成不仅整合了区域内其他相关协定，还对未涵盖纳入降税的产品做出约定。如韩国是中国重要的出口市场，RCEP 涵盖了此前中韩自贸协定未包括的鹿茸、糊精、干贝、瓷砖产品的降税安排。此外，摩托车一直是东盟国家谨慎开放的领域，通过 RCEP，中国初步打开了印度尼西亚和马来西亚的摩托车市场，实现了印尼 31 个相关税目和马来西亚 24 个相关税目开放，开放率分别是 88.5% 和 70.6%。

三是实施更加宽松的区域累积原产地规则，为企业生产布局提供更多支持。RCEP 各缔约方将被视为一个整体,各国的原产地成分可以累加计算,即采用了吸收规则(或上滚规则),实质性扩大了原产货物的范围。未来,当 RCEP 对所有缔约方生效之后,各方就能够对累积规则进行审议,允许所有生产和货物增值均适用于累积规则,这一审议将于协定生效之日起五年内完成,落地更加宽泛的区域完全累积规则,接近 CPTPP 原产地规则水平。此外,RCEP 还规定微小含量的容忍规则,即对于部门组产品特定原产地规则中税则归类改变要求的货物,只要非原产地机制不超过 FOB 价值的 10%,可被认定原产货物(纺织服装产品可适用于重量不超过 10%)。再有,RCEP 允许经核准的出口商出具原产地声明,过渡期之后承认出口商或生产商的原产地声明,较我国现行规定有大幅放宽。为保证货物原产认定的简便,RCEP 规定进口货物完税价格不超过 200 美元,可不提供原产地证明。最后,RCEP 规定了原产地核查程序。

四是实现更加便利的海关程序规则,降低产品进出口制度性交易成本。RCEP 透明度条款要求较为详细,包括公布信息、为利益相关方提供评论机会、法律法规生效前尽早公布以及设立咨询点。同时,RCEP 要求缔约方对提供了书面申请的出口商、进口商或其他代表以书面形式做出预裁定,包括税则归类、原产地、海关估价及其他,预裁定期限 90 天,有效期 3 年。此外,RCEP 还具体规定了海关程序、放行时间、易腐货物规则等。

五是检验检疫措施遵循等效规则,非关税壁垒大幅降低。RCEP 规则强调卫生与检验检疫规则、技术法规等效性,有力带动了各成员相关制度的互相衔接。在 WTO 规则基础上,RCEP 协定要求出口商品病虫害覆盖范围认定"区域化",即只认定一国某个区域属于病虫害地区,而非整个国家,为产品持续开展贸易活动提供有效保障。

六是纳入"禁止归零"原则，有效保护我国企业合法权益。长期以来，我国是全球遭遇反倾销和反补贴调查最多的国家之一，美国主导的"归零"规则更是给企业带来严重损害。尽管 WTO 规则并未承认或反对"归零"规则，但 RCEP 首次在区域贸易协定中纳入"禁止归零"条款，有助于保护我国企业合法权益，避免倾销幅度变相增大，维护公平的贸易发展环境。

（三）服务贸易发展机遇

一是服务贸易开放水平显著提升，区域内跨境服务提供更加便利。RCEP 协定生效后，7 个成员采用负面清单方式、8 个成员采用正面清单方式对服务贸易做出开放承诺，过渡期结束后，15 个成员全部以负面清单方式进行开放。我国在 WTO 服贸总协定基础上，进一步开放管理咨询、制造研发等 22 个服务业部门，提高了金融、法律等 37 个部门的承诺水平。与之前东盟国家对中国开放承诺相比，泰国在国际商事法律起草文件的法律咨询服务、菲律宾在工程冶金等 11 部门、缅甸在建筑服务等 9 个部门、老挝在税务服务等 4 个部门、柬埔寨在农业等 2 个部门、越南在房地产服务等有新的开放承诺。值得注意的是，按 RCEP 要求，中国将在协定生效后 3 年提交负面清单、6 年内完成负面清单承诺，开放自由化水平进一步提升。

二是区域内服务贸易发展将获得更多制度性保障。RCEP 协定增加了 WTO 规则之外的服务贸易资质要求、技术标准、许可要求等内容，提升透明度要求。鼓励成员之间专业服务的资质互认，促进标准对接，有助于进一步解决"大门开了但小门没开"的难题，切实解决准入后"隐性壁垒"，推动专业人士更好在其他成员执业，盘活区域内人才资源。此外，中国在目前服务贸易正面清单中列出"FL"

部门，即确定了未来只会进一步开放、不会倒退的部门，是我国首次在区域贸易协定中做出的承诺。

三是推动区域内金融服务开放，提升金融监管的透明度。我国在RCEP协定中，首次承诺新金融服务，允许在缔约国领土内设立的另一缔约方所允许的新金融服务；首次承诺纳入信息转移和信息处理条款，要求成员不得阻止其领土内金融服务提供者日常营运所需的信息转移处理；首次承诺自律组织条款，避免自律组织的加入门槛成为阻止另一国金融机构的障碍。此外，RCEP协定还提出更高的监管透明度要求，是中国现有协定中金融透明度最高的规则范本。

四是推进区域内电信服务市场自由化发展，提振市场发展活力。RCEP协定规定了转售服务、共址服务以及网络元素的非捆绑规定，有助于打破区域电信服务提供者的非公平竞争行为。其中，我国首次在自贸协定电信领域增加共址服务，明确以合理非歧视、保证透明度、完善替代解决方案等措施，允许其他缔约方提供电信设备入网的物理地址。同时，RCEP协定涵盖技术选择的灵活性条款，有助于电信服务提供者在区域内灵活选择技术服务提供商，保障了技术选择的公平性。以上这些规则有助于推动区域内数字经济的发展，为我国电信产业高质量发展提供支持。

五是实现商务人员往来更加便利，促进高水平人力资源自由流动。RCEP协定扩大了自然人移动的范畴，允许包括投资者、随配偶及家属在区域内自由便利移动，自由化水平高于目前我国与东盟的"10+1"协定。其中，允许商务人员配偶及家属适用临时入境和签证制度，是我国首次对外承诺相关内容，极大促进了商务人员的涵盖范围。与此同时，RCEP提高了临时入境手续办理的效率和透明度，节约了商务人员时间成本。在具体行业中，医疗、计算机、工程师等领域人员流动便利化程度更高。

（四）投资合作发展机遇

一是区域投资自由化水平大幅提升、投资确定性显著增强，有力促进了国内企业走出去发展。RCEP成员多采用负面清单方式对投资准入做出较多水平的开放承诺，我国对制造业、农业、林业、渔业和采矿业五个领域做出高水平自由化承诺。其中，负面清单承诺方式适用于"棘轮机制"，开放承诺一旦做出，不再后退。特别是在制造业方面，中国、日本、澳大利亚和新西兰在少数领域外，基本完全实现自由化，有助于推动制造业产业链上下游在区域自由布局，提升了双向投资自由化发展水平。此外，部分东盟国家还针对农业种植、畜牧养殖以及产品加工做出较高的开放承诺，有助于相关领域企业"走出去"，布局区域市场。RCEP主要国家投资开放措施见表13-2。

表13-2 RCEP主要国家投资开放措施

国家	主要限制情况（之外基本开放）
日本	农林渔业、造船、修理和船用发动机制造、药品、医疗器械、皮革及皮革纸制品、航空航天、信息通讯、石油工业等领域投资，必须实现通知并开展审查。飞机制造和维修行业，居民和非居民之间的技术引进合同也需要审查。采矿及相关行业，仅由日本企业控股，电报电话公司外资股权需要低于三分之一
澳大利亚	地区一级政府现有不符措施没有纳入负面清单，对渔业及附带服务保留国民度，外国渔船在领海内捕鱼活动要获得授权
新西兰	农林渔业、采矿业以及乳制品制造业等有保留措施
韩国	农林渔业、肉牛养殖等外资比例不超过50%，外资不得从事水稻或大麦种植等行业，核电以外的发电、电力输送、分配和销售、天然气等能源产业由外资股权要求

续表

国家	主要限制情况（之外基本开放）
新加坡	新加坡外国企业贷款有500万新元限制，除个人投资者，在技术工程、国际港务集团、航空公司、电力天然气等领域拥有股份存在股比限制。对于啤酒、雪茄等制造业有投资限制
越南	RCEP生效前颁布的投资许可，不受该协定限制。飞机、铁路车辆、备件、货车客车制造等领域需要合资且外资不能控股，农林牧渔及能源开发等领域有较大的政策限制空间
印尼	外企在印尼投资设立企业有最低金额限制，禁止投资国防及安全领域，在农业、林业、采矿等领域有投资限制，土地获得存在一定限制
马来西亚	只有马来西亚国民或永久居民可以注册独资企业或合伙企业，外国人仅可注册有限责任合伙企业，合规官员需要为公民或永久居民。海洋捕捞、蜡染织物等存在外资股比限制，石油提炼等需要100%出口产品
文莱	只有文莱国民才能获得经营特定行业相关的商业地产营业制执照。政府对于特定地点的使用有控制要求
菲律宾	大众传媒、印刷出版、水产养殖、盐生产、铜产品等领域须菲律宾人士控股，小规模采矿等需要当地控股
泰国	保留了中小企业、弱势群体、证券投资、外汇投资、政府处置资产、国家安全等方面国家有必要的规制权力
柬埔寨	对第一产业总体限制较多，对包括砂开采、石油天然气开采、炼油厂等采矿业有国民待遇等，要具备投资许可，仅允许出口
缅甸	对60多个制造相关部门有国民待遇和履行要求保留，对农林渔业等60多个部门，比例不超过80%
老挝	对危险化学品、手工民族产业等制造业投资，不允许外国参加；对林业、采矿业等领域保护力度较大

资料来源：课题组整理

二是投资准入后营商环境大幅优化，准入后隐性逐步减少。我国首次在RCEP协定中承诺取消外资企业高管的特定国籍限制，而且还放宽业绩要求等相关内容，进一步减少了投资准入后的限制措施。RCEP投资协定适用于国家间争端解决机制，这为协定的执行安装上

"牙齿"，允许东道国政府间就实质性违反协定规定起诉仲裁。RCEP协定鼓励缔约国建立一站式投资中心，支持东盟成员建立解决外国投资者投诉的机构，提升了投资者权益的保护。其中，对我国而言，RCEP规则对于有关业绩要求，做出了超过WTO的纪律规范，需要推动中央和地方层面相关外资规章文件进行梳理。此外，我国还首次在自贸协定中承诺取消高管特定国籍限制，不再要求该投资的企业任命某一特定国籍的自然人担任高管。

三是在保护东道国规制权力前提下，最大限度为投资者利益提供保障。RCEP协定体现了对保护东道国必要规制权力的重视。此外，协定详细规定了投资转移、损失补偿与征收、收益自由转移等要求，约定对直接或间接征收导致的投资者利益损失按照公平市场价格给予补偿，对于因武装冲突、内乱或国家紧急状态下投资者的损失给予公平补偿，平等对待投资者和当地企业，有效保障外国投资者的利益。考虑到当前东盟地区个别国家还存在政局不稳、政策反复等问题，RCEP协定可以最大限度保护国内投资者在当地的投资合作利益，有效保障海外人员和财产安全。

（五）新兴领域发展机遇

一是区域内知识产权保护水平全面提升。RCEP协定知识产权保护力度高于WTO的TRIPS协定，特别是对于数字环境下的侵权行为适用民事和刑事处罚，加大对数字产品知识产权的保护力度。其中，相比于中韩FTA（中国对外签署的自贸协定中对于知识产权保护力度最大的协定），RCEP要求中央政府、鼓励地方政府采用非侵权计算机软件。值得注意的是，RCEP对于专利、工业设计等作出更为严格的保护要求，在推动缔约国政府承担更多义务的同时，推动相关知识产权产品的高质量发展。与此同时，我国首次在自贸协定中承诺,"促进所有人获得药品",进一步开拓区域内药品市场流通和发展。

二是形成区域内统一的数据保护和流动规则,推动跨境电子商务持续健康发展。RCEP协定明确,电子传输暂时免征关税。我国首次在自贸协定中对数据跨境流动做出承诺,明确电子信息的认证、保护、存储与传输等规范。同时,我国也首次将非应邀商业电子信息条款纳入自贸协定。数据保护与流动规则有助于成员电子商务政策的协调,便利相关企业在区域内按照统一规则开展业务。同时,RCEP协定还给予东道国必要的规制权力,允许对重要数据和网络安全进行必要的保护。

三是提升政府采购的透明度,未来有助于促进相关领域发展。RCEP协定规定成员之间将加强政府采购领域的信息共享,提高政府采购程序的透明度,加强相关交流合作。同时,缔约方还会对政府采购章节内容进行进一步完善,未来相关要求还会对地方政府采购市场进行规范,促进政府采购市场的互联互通。RCEP政府采购章节是我国首次在诸边协议中首次签署的政府采购规则,为我国与其开展跨境政府采购合作提供了制度保障。

四是为中小企业区域内合作提供平台。RCEP协定要求建立政府联络点和可公开访问的信息平台,加强与中小企业共享有关政策信息,推动缔约方政府完善中小企业服务综合平台,给予区域内中小企业更多交流合作机会。针对柬埔寨、老挝和缅甸三个最不发达成员,RCEP规则推动成员在自愿的基础上,对其提供技术援助和能力建设,引导更多企业与其开展合作,提升整体发展效益。

专栏

国际产能合作成就

——**钢铁、有色、建材等周期性行业规模和劳动生产率具有较强的国际竞争力,有力推动国际产能合作业务的开展**。改革开放40年以来,钢铁、有色和建材等周期性行业市场开放程度较高,国内实现了充分的市场竞争,企业竞争力快速增强。从企业规模来看,2018年《财富》世界500强统计显示,中国11家钢铁企业入选,中国宝武钢铁集团、河钢集团、江苏沙钢集团、新兴际华集团、鞍钢集团、首钢集团等企业上榜,其中中国宝武钢铁集团位居第162位,为全球钢铁业第二大企业,营业收入为安赛乐米塔尔集团的86.3%。从劳动生产率指标来看,江苏沙钢集团人均营业收入达到94万美元,人均吨钢产量达1107吨,位居全球钢铁业第二名。有色、建材行业上榜的中国企业数量也逐年增多,这成为钢铁、有色以及建材等周期性行业参与国际产能合作的坚实基础。近几年,河钢集团收购瑞士德高集团,为钢铁业国际产能合作拓展了营销网络和合作空间。中国有色集团海外收购铜矿等项目,促进我国与相关东道国资源与生产的交流和合作。中国建材等企业在"一带一路"沿线国家通过投资等方式扩大了生产能力、直接服务当地市场、形成"一体化"生产线、推动当地产业转型升级,主导绿色建材、绿色金融业的开展,积极做好企业社会责任。2018年,浙江红狮集团在尼泊尔投资近4亿美元水泥生产项目,成为该国最大的投资项目,有力支持当地基础设施建设。

——**轻纺等劳动力密集产业有效利用沿线国家成本优势,抱团出海,形成海外集聚优势**。随着国内劳动力价格的上升,轻纺加工行业在国内生产的成本优势不断被削弱，企业"走出去"开展国际产能合作可以进一步降低成本、提升产品竞争力，同时可在一定程度上规避贸易摩擦。轻纺企业开展国际产能合作内生动力较强，2017年上海纺织、山东如意等88家骨干企业成立中国纺织国际产能合作企业联盟，形成产业集群"走出去"，主动在海外打造规模化轻纺产品加工基地。柬埔寨太湖国际经济合作区形成了以轻纺服装为主导的产业结构，充分利用当地劳动力红利和东盟成员货物贸易自由化政策，实现生产成本优化。值得注意的是，轻工纺织行业属于出口导向型的产业，这对于促进东道国参与国际生产合作网络、增加外汇收入具有积极的意义。截至目前，我国企业已经逐步形成对"一带一路"沿线国家的优质纺织原料资源、纺织涉及创新资源以及纺织品牌资源和纺织市场渠道资源形成了垂直化、系统化的整合与延伸，逐步形成了以我国为主，辐射"一带一路"沿线国家的关键生产网络。

——**石化等资本密集型产业积极利用沿线国家资源禀赋优势，开展互利共赢合作，国际产能合作坚持共商、共建、共享原则**。随着我国工业化进程的快速开展，产业结构逐步从劳动密集型产业向资本密集型产业转移。中国石化产业发展严重受制于能源对外依存度问题，其中石油对外依存度在2014年超过60%，预计2020年将超过70%。与此同时，国内经济结构调整导致一部分炼油产业富裕产能问题突出。2017年，我国炼油能力达到8亿吨/年，开工率为70%；预计到2020年，我国炼油能力达到9亿吨/年，富裕产能达到1.1亿吨/年~1.3亿吨/年。富裕产能导致行业竞争加剧、企业开工率下降、盈利能力走低，并制约企业投资研发的能力。近十几年，中国石油、中国石化等公司加大对"一带一路"的投资，先后在沙特、哈萨克斯坦等国建立一系列石油炼化公司，带动当地石化产业的转型发展。"一带一路"沿线国家资源禀赋优势突出，有力地支持了石化产业开展国际产能合作，既能够确保资源能源进口供应问题，也调节了国内结构性的富裕产能，支持东道国工业结构的转型升级，有力支持当地经济建设。

——**铁路、电力等产业国际产能合作步伐加快，促进基础设施互联互通**。中国高速铁路、核能发电、特高压直流输电、水电/火电建设等产业已经成为中国基础设施发展的重要成就，也是中国主动分享发展经验、促进"一带一路"建设的关键抓手。在铁路国际产能合作方面，中老铁路、中泰铁路、匈塞铁路、雅万高铁全面开工建设，中欧班列快速发展。截至2017年年底，中欧班列累计开行数量已经超过9 000列，班列到达了欧洲14个国家、42个城市，促进了高效畅通的国际大通道建设。在电力国际产能合作方面，中国企业在东南亚地区相继建设出多个水电站，弥补当地供电发展不足的问题，解决了制约当地电力发展的根本性难题。

——**通信及相关设备产业已经成为中国企业开展国际产能合作的靓丽名片**。信息化是一国经济现代化发展的关键引擎，是经济提速升级的重要动力。改革开放40年，我国通信及相关设备产业快速发展。1978年，全国邮电业务总量仅为11.7亿元，电话普及率为0.38部/百人；2017年，国内电信业务总量达到2.8万亿元，增长2 365倍，移动电话普及率达到102.5部/百人。依靠国内市场的发展形成核心竞争力，中国移动、中国联通、中国电信、华为、中兴、烽火集团等企业国际知名度迅速提升，海外竞争力不断加强；中国通信设备产业已继高铁、核电之后成为中国"走出去"的第三张名片。在企业开展国际产能合作中，中国通信及相关设备产业通过加强与当地主要机构的合作，不断为"一带一路"沿线国家注入发展红利。中国移动通过并购巴基斯坦电信公司，为当地电信业发展带来技术和动力；华为等企业在海外扩大电信基础设施建设，服务当地社会民生。

——**工程机械产业随着基础设施国际产能合作"走出去"，积极服务"一带一路"建设**。随着国内基础设施产业国际产能合作的快速发展，工程机械行业随之"走出去"，服务沿线国家基础设施互联互通建设。从国内情况来看，工程机械产业40年发展取得了一些积极的成效和经验。随着开放程度不断加大，工程机械行业形成龙头带动、中小品牌积极参与的市场格局。当前，中国已经成为世界上工程机械产品门类和型号最齐全的国家，工程机械的自给率长期维持在90%以上。工程机械行业产业关联度高、吸纳就业能力强、技术资金密集，能够有力推动相关配套产业和制造技术的发展，是部分"一带一路"沿线国家重点引进、对接的关键行业。2015年来，徐工机械、三一重工以及中联重科等长期进入世界工程机械50强行列的企业积极开展"一带一路"建设，服务当地经济社会发展。根据工程机械协会数据显示，2018年5月份国内挖掘机总销量为19 313台，其中出口销量1 523台，同比增长高达95.3%。三一重工全年海外销售额达到25亿美元，同比增长30%。其中70%的收益来自"一带一路"沿线国家和地区；徐工海外出口同比增长90%。其中，"一带一路"沿线产品销售占比达72%；中联重科海外营收较2016年增长超30%。柳工在"一带一路"沿线国家的销量同比增长41%，收入增长35%。

——**汽车产业进一步加大海外组装配件工厂建设，支持沿线国家经济发展**。汽车产业是一国经济产业综合竞争力的关键体现，是核心竞争力的重要组成部分。经过40年的发展，中国汽车产业产能位居世界第一，庞大的国内消费需求带动了汽车产业的快速发展，组装加工能力处于世界领先地位。在此背景下，我国企业加大了对沿线国家的投资投入，帮助以中东欧国家为代表的区域汽车加工组装产业的发展，为当地提供技术和必要服务。汽车产业的产能合作既能帮助中国消解部分富裕产能，支持新能源汽车、自动驾驶等汽车新产业的发展；也能够为当地带来必要的技术和能力支持，成为推动沿线国家共享中国发展红利的关键举措。

——**船舶以及航空航天产业与相关国家需求和产业进行有效对接**。2016年，我国造船产能降至6 500万载重吨左右，比最高年份下降了近20%；同年新需求订单达到1 600万吨，供需矛盾成为制约国内船舶产业进一步转型升级的关键因素。开展船舶产业国际产能合作，促进富裕产能的对外转移，形成了新的合作发展方向。2017年上半年，中国船舶工业集团与嘉年华集团、芬坎蒂尼集团、英国劳氏船级社等签署大型邮轮建造备忘录协议。中国船舶重工集团推动巴基斯坦电站项目建设，5MW海上风电机组装备成功布局英国市场；中远海运重工有限公司成功交付用于北海作业的"希望6号"圆筒型浮式生产储油平台，收购希腊比雷埃弗斯船厂完成签约；烟台中集来福士海洋工程有限公司总包设计建造的高端海工平台在北海及里海投入运营以及与挪威签署渔业养殖高端装备。

参考文献

[1] 贺胜兵, 周华蓉. 全球化视域下沿海产业转移研究 [M]. 北京: 中国经济出版社, 2016.

[2] 杜晓郁. 经济全球化调整期的东亚区域经济合作研究 [M]. 北京: 对外经济贸易大学出版社, 2016.

[3] 窦祥胜. 区域共同市场后全球化过渡期的市场特性与趋势前瞻 [M]. 成都: 西南交通大学出版社, 2017.

[4] 张彬. 基于价值链视角的中国高技术产业国际竞争力研究 [M]. 北京: 对外经济贸易大学出版社, 2017.

[5] 吴红雨. 价值链高端化与地方产业升级 [M]. 北京: 中国经济出版社, 2015.

[6] 石良平等. 经济大国的贸易安全与贸易监管 [M]. 上海: 上海交通大学出版社, 2015.

[7] 徐琴. 区域经济与国际贸易研究 [M]. 北京: 北京理工大学出版社, 2016.

[8] 赵涛, 刘挥. 世界贸易战简史 [M]. 北京: 华文出版社, 2019.

[9] 张建新. 美国贸易政治 [M]. 上海: 上海人民出版社, 2014.

［10］刘宏. 国际贸易热点探究［M］. 北京：经济日报出版社，2014.

［11］孙溯源. 金砖国家与全球治理［M］. 上海：上海人民出版社，2016.

［12］李东燕等. 全球治理行为体、机制与议题［M］. 北京：当代中国出版社，2015.

［13］蔡拓，刘贞晔. 全球学的构建与全球治理［M］. 上海：上海人民出版社，2013.

［14］上海市社会科学界联合会. 全球治理新认识与新实践［M］. 上海：上海人民出版社，2012.

［15］朱杰进. 金砖国家与全球经济治理［M］. 上海：上海人民出版社，2016.

［16］孙伊然. 全球发展治理与中国方案［M］. 上海：上海社会科学院出版社，2018.

［17］许征. 全球化时代的中国治理中国应对东亚金融危机的政治分析［M］. 上海：复旦大学出版社，2005.

［18］徐清军. 全球价值链及多边贸易体制研究［M］. 上海：上海人民出版社，2017.

［19］张运婷. 人民币实际有效汇率的测算与应用以全球价值链为背景［M］. 上海：上海交通大学出版社，2017.

［20］国务院发展研究中心联合课题组. 跨国产业转移与产业结构升级基于全球产业价值链的分析［M］. 北京：中国商务出版社，2007.

［21］王文，贾晋京，刘玉书，等. 百年变局［M］. 北京：北京师范大学出版社，2020.

［22］谭祖谊. 中国经济结构演进中的贸易政策选择［M］. 北京：人民出版社，2008.

［23］陈文敬，赵玉敏. 贸易强国战略［M］. 北京：学习出版社，2012.

［24］张笑宇. 跨国公司秘笈［M］. 北京：中国商务出版社，2005.

［25］王辉耀，苗绿．全球化向何处去［M］．北京：中国社会科学出版社，2019．

［26］人大重阳．G20 与全球治理［M］．北京：中信出版社，2016．

［27］钟山．牢记使命走在前列为实现"两个一百年"奋斗目标做出新贡献——在 2017 年全国商务工作会议上的报告［J］．WTO 经济导刊，2018（01）：7-10．

［28］迟福林．赢得未来［M］．北京：中国工人出版社，2018．

［29］谢伏瞻．论新工业革命加速拓展与全球治理变革方向［J］．经济研究，2019，54（07）：4-13．

［30］裴长洪，刘斌．中国对外贸易的动能转换与国际竞争新优势的形成［J］．经济研究，2019，54（05）：4-15．

［31］刘勇，王怀信．人类命运共同体：全球治理国际话语权变革的中国方案［J］．探索，2019（02）：32-40．

［32］徐琪，肖婕．加强企业供应链管理有效应对疫情确保我国在全球供应链的地位［J］．中国经贸导刊，2020（06）．

［33］龚英．供应链逆向物流［M］．北京：中国物资出版社，2008．

［34］夏绪辉，王蕾．逆向供应链及其服务［M］．北京：机械工业出版社，2018．

［35］张秀萍，柯曼綦．全球供应链［M］．北京：经济管理出版社，2017．

［36］王国文．全球供应链动态［J］．市场周刊（新物流），2008（01）．

［37］黄敦高．如何看待降低供应链壁垒问题［J］．物流科技，2014（05）．

［38］王素，黄帅．非常战"疫"，复工利器［J］．进出口经理人，2020（03）．

［39］李静宇．风险考验下的全球供应链［J］．中国储运，2011（08）．

［40］Congressional Research Service（Mar. 16, 2021）. Section 301: Tariff Exclusions on U.S. Imports from China. CRS.

[41] Department of Defense (DoD), General Services Administration (GSA), and National Aeronautics and Space Administration (NASA) (Aug. 13, 2019). Federal Acquisition Regulation: Prohibition on Contracting for Certain Telecommunications and Video Surveillance Services or Equipment. Federal Register (40216), 84 (156). https://www.federalregister.gov/documents/2019/08/13/2019-17201/federal-acquisition-regulation-prohibition-on-contracting-for-certain-telecommunications-and-video.

[42] The White House (May 15, 2019). Executive Order on Securing the Information and Communications Technology and Services Supply Chain. The White House. https://trumpwhitehouse.archives.gov/presidential-actions/executive-order-securing-information-communications-technology-services-supply-chain/.

[43] The White House (Mar. 3, 2021). Interim National Security Strategic Guidance. The White House.

[44] The U.S. Senate Committee on Foreign Relations (Apr. 21, 2021). S.1169--Strategic Competition Act of 2021. the 117th Congress (2021-2022).

[45] European Commission (Feb. 18, 2021). An open, sustainable and assertive trade policy.

[46] European Commission (2021). Strategic dependencies and capacities.